LA VIE DE SEINT AUBAN

Anglo-Norman Text Society
No. XIX
(for 1961)

MS. E. 1. 40 Trinity College, Dublin f. 38 c and d. The Governor mocking Aracle, who is taking down Alban's head.

ANGLO-NORMAN TEXTS—XIX

LA VIE DE SEINT AUBAN

*An Anglo-Norman Poem
of the Thirteenth Century*

Edited by

ARTHUR ROBERT HARDEN

*Professor of French
Victoria College, University of Toronto*

OXFORD

Published for the ANGLO-NORMAN TEXT SOCIETY
by BASIL BLACKWELL

1968

Printed in Great Britain by Alden & Mowbray Ltd
at the Alden Press, Oxford
and bound at the Kemp Hall Bindery

PREFACE

THE editor would wish to express his gratitude to the Humanities Research Council of Canada for the generous subvention which has assisted in the publication of this critical edition. He would wish also to acknowledge in a very special manner the kindness and patience of Professor T. B. W. Reid who has so unstintingly given of his time and erudition.

A.R.H.

Cet ouvrage a été publié grâce à une subvention accordée par le Conseil Canadien de Recherches sur les Humanités et provenant de fonds fournis par le Conseil des Arts du Canada.

CONTENTS

CONTENTS

INTRODUCTION

1. Work and Author

WHEN in 1876 Robert Atkinson published his edition of the *Vie de Seint Auban*,[1] based on the sole surviving manuscript E. 1. 40 of Trinity College, Dublin,[2] Continental critics hailed the event as the exciting entry of British scholars into the realm of French medieval studies.[3] The merits of the edition, especially its careful and nearly always accurate transcription of the manuscript text and its complete and detailed glossary, did not, however, prevent some of them from attacking the work with varying degrees of acerbity, nor from revealing a curious disdain for the language and literature in French which had developed in medieval Britain.[4] Such an attitude on their part, as may be imagined, did not encourage a profound reverence for the text of the *Vie de Seint Auban* as it appeared in the manuscript. Many, indeed, felt justified in forcing the Anglo-Norman work into a Continental mould by dint of alteration, deletion and insertion of words or entire lines. Their critical remarks on the text and on the worth of Anglo-Norman studies, however, were gentle compared with those inspired by Atkinson's startling though ill-defined observations on Anglo-Norman poetics,[5] and by his determination to ascribe the poem, its autograph in the Trinity College manuscript and its illustrations to the hand of Matthew Paris. References to these criticisms and to later opinions will be made as we briefly pass

---

[1] Robert Atkinson, *Vie de Seint Auban* (London, 1876).

[2] M. R. James believed that a second copy of this text, now lost, had formed part of Cotton MS. Vitellius D VIII. See his *La Estoire de Seint Aedward* (London, 1920), p. 18.

[3] Most notably Gaston Paris in his review of Atkinson's edition in *Romania* V (1876), 384–9.

[4] The principal critical reviews and commentaries inspired by the appearance of the *Vie de Seint Auban* were, in addition to that of Gaston Paris mentioned in note 3, those of G. Gröber in *Jenaer Literaturzeitung* 26 (1876), 414–15, W. Foerster in *Literarisches Centralblatt* 23 (1876), 762–5 and Paul Meyer in *Athenaeum* 2539 (1876), 856–7. H. Suchier's review developed into a book, *Über die Matthaeus Paris zugeschriebene Vie de Seint Auban* (Halle, 1876) which in its turn prompted three reviews, one by Gaston Paris in *Romania* VI (1877), 145, one signed S—st in *Literarisches Centralblatt* 20 (1877), 664 and one by E. Koschwitz in *Zeitschrift für Romanische Philologie* II (1878), 338–44. E. Uhlemann produced a study of the *Vie de Seint Auban* in *Romanische Studien* IV (1880), 543–626 entitled *Über die anglonormannische Vie de Seint Auban in Bezug auf Quellen, Lautverhältnisse und Flexion.*

[5] See his notes on ll. 1, 10, 589–616, etc., interpreting the versification of the poem on exclusively accentual principles.

in review the biographies of the saint which preceded the one attributed to the celebrated monk of St. Albans.

The earliest source material for a life of the martyr was to be found, slight as it was, in the works of Fortunatus[1] and in the biography composed by Bede.[2] Then, between 1166 and 1188, some years before the probable date of the birth of Matthew Paris, William, also a monk of St. Albans, dedicated to the Abbot Simon a Latin life of the saint which he stated was a translation from a biography in *anglico sermone*.[3] The author of this Saxon work claimed, as William recounted, that he was a Christian, living amongst pagans, who did not dare reveal his identity for fear of reprisals. He asserted, furthermore, that he had read the story of Alban's life on the walls of Verulam, ancient site of St. Albans, where the pagans had written it, and that he had discovered people in the country who remembered the saint's miracles. He concluded his account of his sources by prophesying England's conversion to Christianity. Gaston Paris, while repeating this story, as Atkinson had done, could only assume that this Saxon biographer was an outright forger who was familiar with Bede's life and had really composed his work in the tenth or eleventh century.

To his translation of this work, the monk William added one significant detail, the name of the man who converted Alban, Amphibal. This he took from an account in Geoffrey of Monmouth's *Historia Regum Britanniae*. Atkinson explained that the curious name arose from a mistranslation by which the originally unidentified clerk was given the name of the garment, *amphibalus*, which he left with Alban when he fled Verulam on the saint's insistence.[4]

Atkinson and Gaston Paris also took different views about the reality of another lost biography of St. Alban, mentioned in Matthew Paris's *Gesta Abbatum Monasterii Sancti Albani*.[5] In this work the chronicler recounts that in the time of the ninth abbot, Eadmer, a box was found, during a period of rebuilding, in a wall of the city of Verulam. Within it was discovered a volume, handsomely bound

[1] Migne, *Patrologiae Cursus Completus*, lxxxviii.
[2] Bede, *Baedae Opera Historica*, ed. J. E. King, Loeb Library, I, 34.
[3] Sir Thomas Duffus Hardy, *Descriptive Catalogue of Materials Relating to the History of Great Britain and Ireland*, I, pt. I, pp. 4–6.
[4] A. E. Hutson, *Personal Names in Historia Regum Britanniae* (Berkeley, 1944). See also J. S. Tatlock, *St. Amphibalus* in *Essays in Criticism, Second Series* (Berkeley, 1934), 249–57.
[5] Rolls Series, ed. H. T. Riley, IV, pt. I, 26.

and written with care in a seemingly unintelligible language. There was, however, in the Abbey one old priest, Unwona, who understood this strange tongue, 'idioma antiquorum Britonum', and translated the first part of the work, a biography of St. Alban, into Latin. At the completion of the translation the ancient book collapsed into dust. To Gaston Paris's consternation, Atkinson asserted that this traditional account of the discovery of the martyr's life was true: that there had indeed been another translation of St. Alban's biography, that of Unwona, the fate of which was unknown. Atkinson added, moreover, that the story mentioned by the monk William in his prologue as coming from *Gaufridus Arturus* was not from the brief account in Geoffrey's *Historia Regum Britanniae* but rather from a lost translation of St. Alban's life made by Geoffrey from the British tongue. Gaston Paris could see no basis for Atkinson's theory of an original British source for another biography of the saint. In his opinion, the tale in Matthew Paris's *Gesta Abbatum Monasterii Sancti Albani* was just another version of the traditional account of St. Alban's life in an ancient tongue, a life which the monk William had utilized for his translation into Latin. It was William's translation that someone, maybe Matthew Paris, had turned into an Anglo-Norman poem.[1]

Suchier and Gröber in their reviews of the *Vie de Seint Auban* also took up the question of authorship. They chose to condemn Atkinson roundly for basing his claims on traditional sources and his own intuition. They also questioned the value of another piece of evidence, this time concerning the identification of the manuscript by two seventeenth-century men of learning, which Atkinson had garnered from Madden's edition of Matthew Paris's *Historia Anglorum*.[2] In addition Gröber believed that the extreme irregularity of the syllable-count in the poem indicated assuredly that Matthew Paris did not compose it. Suchier, for his part, although willing to believe that Matthew was the scribe of the Anglo-Norman life, could not bring himself to think that the monk would ever call his ancestors Saracens.

Even amongst his British colleagues Atkinson found opposition

---

[1] Hardy, op. cit., I, pt. I, p. 6, wonders also about this confusion of languages for William's source. He cannot imagine that Matthew Paris would confound 'the British and Saxon languages together'.

[2] Sir Frederic Madden, *Matthaei Parisiensis, Monachi Sancti Albani Historia Anglorum*, Rolls Series, III, liii.

to his claim for Matthew Paris's authorship. Some years before the appearance of the *Vie de Seint Auban* Sir Thomas Duffus Hardy, in his discussion of the large number of manuscripts produced at St. Albans and traditionally credited to the pen of Matthew Paris, had been inclined to reject the notion that one man could perform such a monumental task in addition to personally copying and ornamenting the texts. Moreover, he believed that the fact that the copyist had prayed at the conclusion of the poem for the repose of the author's soul was, in itself, an indisputable reason for denying Matthew's authorship. Atkinson, however, by way of refutation, was able to cite, in his introduction, another instance where a living author had made the very request which Hardy found so questionable.

In the years that followed the appearance of the *Vie de Seint Auban* and the reviews of it mentioned above, statements concerning the authorship of the poem consisted principally in the uncritical repetition of the views of Atkinson's opponents, as, for example, in such works as Menger's *The Anglo-Norman Dialect*.[1] It was only with the publication of M. R. James's introduction to the *Illustrations to the Life of St. Alban*[2] that further evidence emerged which tended to substantiate Atkinson's convictions. In that volume, James was able to suggest, after a detailed examination of the texts and the remarks concerning these texts made by both Matthew Paris and his successor at St. Albans, Walsingham, that Matthew Paris was the author not only of the life of St. Alban but also of three other saints' lives in the vernacular, those of St. Edward the Confessor, St. Thomas of Canterbury and one, apparently lost, of St. Edmund. In 1929, Professor A. T. Baker discovered and edited the missing life which he had found in the collection of Welbeck Abbey.[3] He was also able to supply further textual evidence to corroborate James's attribution of these works to Matthew. In 1953, Richard Vaughan, through a close examination of Matthew Paris's handwriting, provided most persuasive proof that the manuscript of the life of St. Alban was indeed an autograph and that the illustrations were also a product of the chronicler's own pen.[4] Thus it would

---

[1] L. E. Menger, *The Anglo-Norman Dialect* (New York, 1904), p. 27.
[2] W. R. L. Lowe and E. F. Jacob, *Illustrations to the Life of St. Alban* (Oxford, 1924), p. 17.
[3] *Romania* LV (1929), 332–81.
[4] Richard Vaughan, *Matthew Paris* (Cambridge, 1958), p. 170. See also the same author's article in *Transactions of the Cambridge Bibliographical Society*, I (1953), pt. V, 376–94. In the first volume, *Le Moyen Age* (Paris, 1964), of the *Dictionnaire des Lettres*

appear that the study of the *Vie de Seint Auban* has moved full circle and that Atkinson has been vindicated in his conviction that the Trinity College manuscript is Matthew Paris's own handwritten copy. Nearly all the obvious errors are, in fact, of types which might easily be made by an author making a fair copy of his own composition: omissions of letters, the titulus or other abbreviations and occasionally of syllables, more rarely the insertion of wrong or superfluous letters, usually by anticipation or duplication; and it is now generally recognized that the irregularity of versification in thirteenth-century Anglo-Norman manuscripts is not always to be attributed to scribal corruption.

2. THE MANUSCRIPT

The manuscript E. 1. 40 of Trinity College, Dublin, which contains Matthew Paris's Anglo-Norman life of St. Alban, has been described in detail by Hardy, Atkinson, James and Vaughan. We shall limit ourselves here to an enumeration of its contents and a description of the portion which contains the vernacular biography. The divisions of the manuscript are the following:

ff.   1–2   fly-leaves with some notes concerning the loan of certain of Matthew's saints' lives to titled ladies.

3–20   the Latin poem in elegiacs by Ralph of Dunstable based on William's prose life of St. Alban.

20–28   the Latin prose life by William, the source of Matthew's poem.

29–50   the Anglo-Norman poem by Matthew Paris.

50–52   eight lessons in Latin for the feast of the invention and translation of St. Alban.

53–62   a Latin treatise on the invention and translation of St. Alban.

63–66   the Latin charter for the foundation of the Abbey of St. Albans issued by Offa and Ecgfridus.

Françaises there occurs some confusing information concerning the *Vie de Seint Auban.* Under *Mathieu Paris,* p. 504, it is implied that all the four vernacular saints' lives attributed to this author are in octosyllabic verse, whereas this applies to only three, the *Seint Auban* being ostensibly in alexandrines. However, with regard to the manuscript it does state that it 'survit également dans un autographe enluminé par l'auteur'. But under *Saint Alban (Vie de),* p. 667, it is claimed that the work is by 'un trouvère anglo-normand anonyme'.

66–72 a continuation of ff. 53–62.

73–77 a Latin prose account of the miracles associated with the
Saint's tomb.

Atkinson believed, as does Vaughan, that, in addition to the
Anglo-Norman life, the lives by Ralph and William and the tract on
the miracles of St. Amphibal were also copied by Matthew Paris
himself. Vaughan considers them to be the earliest surviving
examples of his handwriting.[1]

The Anglo-Norman life, written in very irregular alexandrine
laisses, appears in two columns on each folio. Illustrations, directly
related to the text beneath, and accompanied by rubrics, perhaps by
a different hand, in Anglo-Norman and Latin, enhance many folios.[2]
The Anglo-Norman rubrics, in irregular octosyllabic couplets,
appear at the top of the folios, whereas the Latin rubrics are to be
found at the bottom. In some instances, the illustrations have been
removed or were never completed. After folio 50, that on which
the Anglo-Norman life is concluded, the pictures and rubrics con-
tinue, depicting events subsequent to the life of the saint, such as the
revival by St. Germanus of interest in St. Alban's activities and the
foundation of the Abbey by King Offa. The text beneath, in Latin,
bears no direct relationship to either the drawings or the rubrics.

This curious situation perhaps provides some insight into
Matthew Paris's method of work, at least in this poem, and some
information on the date of the composition. For, in the first instance,
as the drawings continue in the same style beyond the actual account
of the saint's life, one is led to think that maybe the author prepared
this portion of his manuscript before he copied the poem, a task
which in any case must have required considerable precision since
the text and pictures coincide so readily and regularly. The con-
tinuation of the illustrations would lead one to speculate also that
he may have contemplated an addition to his original life which
would have been concerned with the early history of the Abbey and
the miracles wrought at the tombs of St. Alban and St. Amphibal.

[1] Vaughan, *Matthew Paris*, p. 195.

[2] Atkinson considered that the rubrics, because of a slight difference in language, were
'probably by another hand' (p. ix); but a little later he says (p. x) that 'they are written
by the same hand throughout, *perhaps* by the writer of the poem'. Uhlemann, op. cit.,
p. 557, believed that Matthew Paris did not write the rubrics. Richard Vaughan, as far
as we have been able to determine, in his detailed discussion of the handwriting does not
distinguish between that of the principal poem and that of the rubrics. See p. xii, note 4.

However, a comparison of the metre of the principal poem with that of the rubrics makes one wonder if the life had not actually been composed some time earlier than the rubrics and revised especially for the manuscript as we have it. For this life, alone among the four vernacular lives, is called by the author a *rumantz*, and is written in alexandrines, a metre which was old-fashioned in Matthew Paris's day, whereas the octosyllabic line of the jaunty rubrics is the normal metre of the mid-thirteenth century and the one in which the poet wrote his other three vernacular biographies. Perhaps we have, in this saint's life, a relatively early work which the author revised, illustrated and provided with rubrics for the form in which it is found in the Trinity College manuscript, and which he intended to expand.

As to the history of the manuscript containing the *Vie de Saint Auban*, we know that it was originally produced in the Abbey of St. Albans and that it apparently formed part of Matthew Paris's private collection. It appears from notes on the fly-leaf that the chronicler operated a sort of circulating library from which he lent copies of his vernacular lives to titled ladies. After his death the volume in question no doubt became the property of the Abbey whose press mark still appears on it. A further note on a fly-leaf indicates that this work was shown to Henry VI as he made his way to Westminster on one occasion, but it is not certain whether the manuscript was at St. Albans at this time or not. How the manuscript moved from England to Ireland is not known, but probably this occurred after the dissolution of the monasteries. At any rate, it belonged in the seventeenth century to the library of Archbishop Ussher of Armagh, who considered the poem as being the creation of Matthew Paris; perhaps at this time the first folio, mentioning the name of the author and containing a dedication, was still in existence. A note in the manuscript as it now lies in Trinity College indicates that it was purchased from the Archbishop's library for the college by the officers and men of Cromwell's forces in Ireland, an act which contrasts curiously with the traditional reputation of this army.

3. DATE

Several attempts have been made to date the *Vie de Seint Auban*. Atkinson and Sir Thomas Duffus Hardy believed that the manuscript was written between 1236 and 1250, during Matthew Paris's term as official historiographer at St. Albans.[1] F. J. Tanquerey thought that the life was composed at approximately the same time as *Boeve de Haumtone* and later than the *Sermon en vers* which he placed before 1250.[2] M. K. Pope, who does not seem to have accepted the theory that the manuscript was Matthew Paris's autograph, ascribed the composition of the poem to the early thirteenth century and the manuscript to the middle of the century;[3] her opinion lends some weight to the speculation that the poem may have been an early work that was later revised and copied in the form in which we now have it. Richard Vaughan believes that the *Seint Auban* was the first of the four vernacular saints' lives composed by the author and that, although it is difficult to be specific, it can be located 'in the third or even second decade of the thirteenth century' if one considers the neat and controlled character of the handwriting, which contrasts markedly with the less tidy script of later manuscripts. At another point Vaughan adds that 'we shall therefore not be far wrong if we date *Alban* before 1240'.[4] Dr. M. D. Legge is of the same opinion.[5] Professor W. H. Trethewey, citing some similarities in phonology, versification and rhyme between the *Seint Auban* and *Boeve de Haumtone*, places them both later than the *Petite Philosophie*, which he considers was written *c.* 1230.[6]

The strictly linguistic evidence as to date, even on the assumption that the manuscript is the author's autograph, is not very conclusive. The irregularity of the versification makes it impossible to draw any deductions about the effacement of weak vowels or the reduction of diphthongs within the line, and most of the other phonological and morphological features of the text are common in Anglo-Norman writings from the later twelfth century to the middle of the thirteenth. If, however, we refer to Miss Pope's chart (pp. 480–82) showing the significant changes which make *c.* 1230 an appropriate dividing-line between middle and late Anglo-Norman, we find that a date after 1230 is suggested by the following features of the language of the

---

[1] Hardy, op. cit., pt. III, p. xlvii; Atkinson, op. cit., p. viii.

[2] F. J. Tanquerey, *L'Évolution du verbe en anglo-français* (Paris, 1915), p. xiv, and the same author's *Deux poèmes moraux anglo-français* (Paris, 1922), p. 41.

[3] M. K. Pope, *From Latin to Modern French with especial consideration of Anglo-Norman* (Manchester, 1952), pp. 483, 485.

[4] Vaughan, *Matthew Paris*, pp. 177–8.

[5] M. D. Legge, *Anglo-Norman in the Cloisters* (Edinburgh, 1950), pp. 21–3, and the same author's *Anglo-Norman Literature and its Background* (Oxford, 1963), pp. 268–9.

[6] W. H. Trethewey, *La Petite Philosophie* (A.N.T.S., I; Oxford, 1938), p. lii.

Seint Auban: (1) the use of *keus* 1230 as relative pronoun (see below, p. xxvii); (2) the instability of final weak -*e* in verb-forms (see below, p. xxvi); (3) the termination -*oium* in the imperfect indicative (see below, p. xxvi). To these may be added (4) the reduction of *ue* or *ö* to *e* in *lincel* 1413 and perhaps also in *duel* 1410, and in *quor* 104, *quoer* 205, etc. (see below, pp. xix–xx). On the other hand, there is little or no evidence of the majority of the characteristics of later Anglo-Norman, such as the reduction of *ts* to *s*, the general efface-ment of final weak *e*, aphaeresis of initial vowels, confusion of *il* and *ele*, the generalization of first-conjugation verb-forms (as distinct from the use of infinitives like *saver, voler*; see below, p. xxv). The linguistic features of the text would therefore appear to suggest a date of composition not long after 1230.

If, taking into account the palaeographical and linguistic evidence, we assume that Matthew Paris prepared this work as a gesture both to the patron saint of his Abbey and to his position of rising responsi-bility within it, it would not seem extreme to suggest that the manuscript of the life came from his quill some time between 1230 and 1240, that is between his thirtieth and fortieth years, probably about 1235. However, in view of what has already been given as a possible explanation for the difference in metre between the rubrics and the principal poem and the evidence that a sequel to the latter may have been contemplated, the life may have been originally composed at an earlier date, perhaps in the middle years of the second decade of the century when Matthew Paris was a more junior member of the Abbey.

4. Versification

Ostensibly the *Vie de Seint Auban* is written in *laisses* of alexan-drines, but in terms of Continental usage the number of syllables in the line varies from nine (l. 191) to as many as sixteen (l. 601). As a result it is difficult or impossible to determine the syllabic weight to be given to certain written vowels, such as *e* internal before another vowel (e.g. *eust* 1785—1347, 1784, cf. *ust* 1622), *i* internal before another vowel (e.g. *diable* 1, 120, 287—923, 1474, 1600), *e* final after a vowel (e.g. *Marie* 128—1252), etc. Nevertheless, if we assume the normal elision of a written final *e* and of the *a* of *la, ma*, etc., it is evident that many of the lines become alexandrines with the caesura occurring quite regularly after the sixth syllable. If it is further

B

assumed that both the epic and the lyric caesuras are permissible,[1] then many other lines may possess twelve syllables.

Even with these concessions, however, it must be acknowledged that none of the *laisses* seems to maintain the alexandrine consistently throughout its length. On occasion it would appear that the author quite consciously changes the metre for a specific purpose. In *laisse* 18, for example, and in sections of *laisses* 23 and 34, the lines seem to be of fourteen syllables, usually divided 8 + 6 or 4 + 4 + 6.[2] These lines occur, strikingly enough, in passages which are essentially non-narrative and rather doctrinal in character, passages where the poet, as if employing the measured tones of the pulpit, finds the longer metre more becoming to the matter in hand. On other occasions, particularly in *laisses* 7 and 8, the author appears to resort to the decasyllabic line, generally with a 4 + 6 division, in order to convey a sense of agitation; for these passages deal with the animated and even angry observations of the yet unconverted Alban as he converses with Amphibal about tenets of the latter's faith which the future saint finds frustratingly difficult to grasp.

It is interesting to note that with the publication of Atkinson's edition Anglo-Norman versification became a minor *cause célèbre*.[3] All the critics disagreed with his manner of explaining the irregularities in metre. However, their own suggestions for resolving the problems have never met with universal acceptance.

The following is a table of the rhymes in the *Vie de Seint Auban* and the *laisses* in which they occur:

-a	14	-ant	25, 32, 46
-able	30	-as	28
-age	10	-é	12, 24, 29, 47
-al	1, 43	-ee	16
-ance	36	-ein	22

[1] Cf. M. K. Pope, *The Romance of Horn*, by Thomas (A.N.T.S., IX–X and XII–XIII; Oxford, 1955 and 1964), II, 24–7.

[2] On f. 2v° of our manuscript is to be found a list of twelve saints; each name is followed by a line of verse describing a quality of the saint or a notable event in his life. These lines are worthy of note, for they are in rhymed couplets of 14-syllable lines (4 + 4 + 6) with internal rhyme in the first hemistich. Those referring to St. Alban and St. Amphibal read:

    Albanus: Li premers fu / ki pur Jesu / mort sufri en Brettainne.

    Amphibalus: Auban par moi / guerpi la foi / k'alme entusche e mahainne.

[3] J. Vising, *Anglo-Norman Language and Literature* (London, 1923), p. 81; see also the same author's *Sur la Versification anglo-normande* (Upsala, 1884), p. 51, and the review of the latter volume by Paul Meyer in *Romania* XV (1886), 144.

-el	38		-ir	33
-ele	34		-is	6
-ent	7, 42		-ist	20
-er	2, 5, 8, 21, 35, 44		-iz	27
-eus	40		-u	4, 26, 37
-ez	13		-un	11, 45
-i	9, 15, 31, 41		-unt	19
-ie	23, 39		-ur	17
-in	3, 48		-ure	18

5. Language

This section is concerned primarily with those features of the author's language, and especially those attested by the rhymes, which are of interest from the point of view of the date, dialect and style of the poem. Atkinson in his notes treated the language as illustrative of Old French in general rather than of Anglo-Norman; but on the basis of his edition it was examined in detail by Uhlemann (see p. ix, note 4), whose study has been consulted here.

I. *Phonology*

(a) *Vowels*

1. *e* from *a* tonic free may rhyme with the *e*-sounds resulting from (i) the reduction of the diphthong from *a* tonic free preceded by a palatal, *dresée* 778 (: *furmé*, etc.); (ii) the reduction of the diphthong from open *e* tonic free, *pé* 762 (: *gré*, etc.); (iii) Latin *e* in loan-words, *Galilee* 501 (: *cuntree*, etc.); (iv) earlier *ai* in hiatus with final weak *e* in *manee* 532 (see note).

2. The representatives of words containing Latin *a* tonic free before *l* may rhyme either in -*al* or in -*el*: *tal* 1620, *tel* 1407; *mortal* 1615, *mortel* 1416; *Amphibal* 1602, *Amphibel* 1423; *ostal* 18, *ostel* 1414; *desloial* 6, *loiele* 1269. The forms in -*el* rhyme with words containing (i) *e* from open *e* checked: *bel* 1421, etc.; (ii) *e* resulting from the reduction of the diphthong from open *e* tonic free: *mel* 1432, etc.; (iii) *e* or *ue* from open *o* tonic free: *lincel* 1413, *duel* 1410. For the feminine forms *faiele* 1255, *loiele* 1269 see below, p. xxiii.

3. *e* from *a* tonic free before *r* (including infinitives like *poer*, cf. below, p. xxv) rhymes with (i) *e* resulting from the reduction of the

diphthong from *a* tonic free preceded by a palatal: *chevaucher* 28 (: *mer*, etc.); (ii) *e* resulting from the reduction of the diphthong from open *e* tonic free: *fer* (< *feru*) 708 (: *garder*, etc.); (iii) *e* resulting from the reduction of the diphthong arising from the Latin endings -*ariu*, -*eriu*: *dener* 40, *mester* 114; (iv) *e* from open *e* checked: *fer* (< *ferru*) 710; (v) *e* or *ue* from open *o* tonic free: *quoer* 205, 685, etc., *quor* 104 (cf. the spelling *quers* 1278); cf. Pope § 1156. In view of the pronounced tendency of Anglo-Norman from the twelfth century to open close *e* before *r*, it seems likely that all the *e*-sounds illustrated here were open (Pope §§ 1145–6).

4. There is no rhyme between -*en*- and -*an*-; in the three *laisses* in -*ant* (25, 32, 46), one in -*ance* (36) and two in -*ent* (7, 42) the rhyme is in each case pure throughout.

5. The product of close *o* free rhymes with that of close *o* checked (both are usually written *u*); in the same *laisse* in -*ur* (17) appear on the one hand *amur*, *culur*, *ancesur*, etc. and on the other *atur*, *sujur*, *jur*, etc.

6. This *u*-sound rhymes also with *u* from Latin *ū*. The rhyme-words of *laisse* 17 include *maur* and *seur*; those of *laisse* 18 in -*ure* have for the most part *u* from Latin *ū*, but include also *plure*, *aure*, *honure*, *sucure*, *labure*. Similar rhymes are found in the rubrics: *aure*: *cure* 55–6r, *venuz*: *Louz* 299–300r, *suls*: *nuls* 335–6r, also at ll. 233r, 239r, 241r. The *u*-sounds also rhyme together before *n*: *Neptun* 335: *butun*, etc., *commun* 1700: *dragun*, etc., *commun* 295r: *desputeisun*.

7. The ending -*eus* in *Deus* 1474 rhymes with the ending resulting from vocalized *l* before *s* after an *e* from (i) *a* tonic free: *teus* 1473, *morteus* 1475 (also *crueus* 1468 remodelled on this type); (ii) close *e* tonic checked: *eus* 1482; (iii) open *e* tonic checked: *aigneus* 1479; (iv) open *e* tonic free: *cels* (< *caelos*) 1483.

8. The hypothetical triphthongs in *fueu and *sarcueu are reduced to *u*: *fu* 85: *vertu*, etc., *feu* 862: *palu*, etc.; *sarc*[*u*] 90: *pendu*, etc., *sarcu* 1400: *aparu*, etc.

9. The reduction of *ui* to *u* is attested by rhyme in the rubrics: *nuire* 237r: *defigure*; it is also implied by such spellings as *cunduseit* 481, *lut* (present indicative 3) 473, *lusant* 1135, etc. The reduction of *ui* to *i* may be indicated by *nulli* 489 and *devant li* (masculine) 461: *ci*, *establi*, etc., *autri* 244: *peri*, etc.; but as these are all pronominal forms their development may well be analogical rather than phonetic.

10. The rhymes provide no evidence of the phonetic effacement of final weak *e*, even when in hiatus with a tonic vowel; the rhyme-

words of *laisses* 16 in *-ee* and 23 and 39 in *-ie* are quite distinct from those of *laisses* 12, 24, 29 and 47 in *-é* and 9, 15, 31 and 41 in *-i* respectively. For *ee* 529 (< *aetatem*) see the note; for verb-forms such as *sauf* 244 (imperative 2) see below, p. xxvi.

(b) *Consonants*

1. The rhymes provide no evidence of the effacement of final consonants as such; for flexional *-s*, *-ʒ* see below, p. xxiii.

2. Final supported *t* is often replaced in spelling by etymological *d*, as in *laisse* 19 in *-unt* which includes the rhyme-words *rund* 623, *mund* 637 (< *mundum*), *b[l]und* 640, *parfund* 642. Similar spellings, however, are also used in words which never had etymological *d*, such as *pund* 635, 751, *mund* 850 and *amund* 3911 (< *montem*), *frund* 1703, *und* 1010, 1501, etc. (< *habent*), *fund* 4021 (< *faciunt*); it is therefore possible that they indicate the phonetic tendency which ultimately gave rise to English *mound*, etc. (Pope § 1233).

3. There is little evidence in the rhymes to suggest that final *ts* (written *ʒ*, *tʒ*) has been reduced to *s* (Pope § 1183); the rhymes of *laisse* 6 in *-is* and *laisse* 27 in *-iʒ* are in general distinct, though the second includes *gentilʒ* 900 and *midiʒ* 904 (for *midi*). The preservation of the final *ts*-sound is also implied by spellings with *-ʒ* after palatal *l*, palatal *n* and *n* from Latin *nn*: *cunseilʒ* 395, *cunpainʒ* 67, *anʒ* 152. Some spellings, however, seem to indicate the reduction of *ts* (normally written *c*) internal; in the verb which is in Old French usually *descirier* the spelling alternates between *decirent* 1515 and *desira* 253, and the digraph *sc* is used in a number of words such as *nosces* 62, *lesçun* 322, *musça* 900 and often in the ending *-esce*: *dresce* 56, *destresce* 671, etc. (Pope § 722).

4. Before flexional *s* the etymological consonants *f*, *p*, *c* and (after *i*) *l* are often written, but have no phonetic value; the rhyme-words in *laisse* 6 in *-is* include *pleintifs* 164, *paraletics* 148, *gentils* 171 (cf. *gentilʒ* 900 rhyming in *-iʒ*), and elsewhere there are spellings such as *cheitifs* 913, *champs* 1541 (but *dras* 631, *gas* 962, etc.), *bucs* 66.

5. The effacement of *s* before consonants (unvoiced *s* as well as voiced *ʒ*) is indicated by the inclusion in *laisse* 20 in *-ist* of *respiit* 649, *cheriit* 655, *delit* 662, and by numerous spellings such as *eforcé* 768, *effreeʒ* 918, *bruidee* 1135 (but *e[m]bruusdee* 1213), *deevé* 1775 (but *desveʒ* 149), *rescut* 166 (but *rescust* 287). Conversely, inorganic written *s* is frequently introduced: *desmeine* 911, *veeslin* (< *vitellinum*) 1840, *hauste*

523, *chaesne* 666, *custusmes* 614, *dunst* 32, *esnuié* 375, *geenst* 589, *plust* 1632. But ʒ + *l* gives rise to ∂*l* (*dl*?) in *medlee* 506 (Pope §§ 1175, 1177) and to palatal *l* in *eille* 1837 (Pope § 1178), and ʒ + *n* is represented by palatal *n* in *ignelement* 1594 (Pope § 1178).

6. The vocalization of preconsonantal *l* is usually indicated by the spelling *u* before flexional *s* (cf. above, p. xx), and often also in an adjective preceding its noun: *beu maistre* 388, *morteu maladie* 1117 (but *mortel prisun* 1710), *ceu tens* 1812 (but *cel mal* 1158), *queu changeur* 572, *teu solaʒ* 1171, *teu merveille* 1391 (but *tel mortel prisun* 1710); cf. *avau le pendant* 880, etc. So also sometimes with palatal *l* in words like *veuʒ* (< *vetulus*) 1379, *fiuʒ* (< *filius*) 659 (though normally with effacement after *i*: *fiʒ* 80, 271, etc.). Here, however, the usual spelling is with *il*: *acoilt* 30, *coiltes* 682, *cunseilʒ* 395, *solailʒ* 160, etc.; that this spelling corresponds to a pronunciation with *u* is shown by its use in words where the *l* was never palatal: *chevoilʒ* 532 (but *cheveuʒ* 1389, *cheveus* 893, etc.), *doilʒ* 587, *voilʒ* (< *voles*) 1666 (but *veuʒ* 1298, *voʒ* 185), etc.

7. Latin *c* before *a* initial of word or syllable is represented in spelling both by *ch* and by *c* (or *k*). In words of popular development *ch* is usual: *chaesne* 666, *chalur* 690, *chief* 761, *purchaʒ* 451r, *secche* 794, etc.; but there are a few instances of *c* and *k*: *acastonee* 4, *kaifs* 149, *cailloʒ* 856, *esmanker* 1345, etc. (cf. also *esquis* 193r) (Pope § 1091). The *c* is of course retained in learned words like *Caim* 399, *capital* 1618, *caprin* 1829, etc., and it seems probable that *caracte* 1007 and *casal* 16 are also learned, though popular forms of these words exist. In *entuscé* (< *intoxicatum*) 999 (but *entuschee* 12, *entuscheʒ* 328r) and in *cief* 1574 (elsewhere always *chief, chef*) the absence of *h* would appear to be a slip. The use of initial *ch* in *chucher* 201, 682, *chucheʒ* 223 (but *cucheʒ* 1057), which is found sporadically on the Continent as well as in Anglo-Norman, is probably due to a purely graphic confusion, a different form of which is represented by *chuceʒ* 1413.

8. Latin *p* + *yod* intervocalic is represented not by *ch* but by *c*: *saceʒ* 390, 610, etc., *aproce* 1433, *procein* 1181, 1832. The rhyming of *mance* 1377 with *semblance, dutance*, etc. may indicate a related evolution (cf. *Horn* II, 72).

II. *Morphology*

(a) *Gender*

1. Gender of nouns. The gender of nouns, as indicated by articles, attributive adjectives and pronouns, is nearly always as in

Continental Old French. The feminine gender of *saerpent* 522, 657 and the masculine gender of *ovre* 1138, 1582, 32r (but feminine 406r) and *honur* 1820, 429r (but feminine 329r) are found occasionally elsewhere, presumably under Latin influence. The omission of a final -*e* in *anglin legiun* 303, *cest grant foleur* 579, *cest cumpainnie* 1346, *un image* 624, *un des grantz merveilles* 1770 is no doubt a slip; in all cases the addition of an -*e* appears to be metrically possible, and *legiun*, *cumpainnie*, *image* and *merveille* occur elsewhere in the text as feminines. For *mun ee* 529, *ewe* . . . *parfund* 765, 772, *la huntage* 833, *m'ensegnement* 1215 see the notes.

2. Feminine of adjectives. In the feminine of adjectives derived from Latin two-termination adjectives the traditional uninflected forms are normal, e.g. in rhyme *criminal* 12, *grant* 789, *naturel* 1415, *anvel* 1417, *ueus* 1467, *corporal* 1610; within the line *cruel* 523, *grant* 124, 264, etc., *grantz* 148, 393, etc., *morteu* 506, *mortel* 1704, 1710, etc., *morteus* 1667, *queu* 47, *teu* 337, 441, etc., *tel* 1710 (but *tele* 1628), *vertz* 1467, *viu* 1249. But in *laisse* 34, rhyming in -*ele* (usually from Latin -*ella* or -*illa*), the rhyme-words include the analogical feminine forms *faiele* 1255, *cruele* 1257, *loiele* 1269 (cf. within the line *cruele* 607, 1367).

(b) *Declension*

1. Nouns and Adjectives. The two-case declension system has to a considerable extent broken down. The case-forms of imparisyllabic nouns and adjectives are often used in non-traditional functions, e.g. oblique singular *ber* 62, *prudeber* 1308, *hom* 120, *traitre* 155; nominative singular *barun* 1709, *fableur* 835, *pastur* 1479. Other masculines tend to have final -*s* (-*z*) in the plural and to be without it in the singular, irrespective of case. For the sake of rhyme, however, forms in -*s* (-*z*) are still often used in the nominative singular, e.g. in ll. 165, 398–401, 405–7, 898–900, and forms without it in the nominative plural, e.g. in ll. 23, 75–6, 563–5, 865–7; much less frequently the oblique singular appears in rhyme with -*s* (-*z*), e.g. ll. 904–5, 912, and the oblique plural without it, e.g. ll. 849, 855–6. The literary tradition of the flexional -*s* (-*z*) of the nominative singular is so deeply engrained that it appears sporadically within the line in nouns of both genders (e.g. *droitz ne raisuns* 196), and is even added to a number of rhyme-words in *laisses* in -*u*, -*i*, -*é*, etc., e.g. in ll. 72–4, 89, 98, 485, 745, 960; this occurs less often in the oblique plural, e.g. in ll. 95, 853–4, 1038.

2. Possessive Adjectives. The nominative and oblique case-forms are usually employed correctly; but in the function of the nominative *mun* appears in l. 34 and *sun* in ll. 271, 674, 1293, 1586. In the masculine nominative singular the atonic possessives of the singular are the Western and Anglo-Norman *mis, tis, sis,* which before consonant are reduced to *mi, ti, si* in ll. 24, 219, 332, etc. (Pope §§ 1260–1). The feminine forms *ma, ta, sa* appear to elide before a vowel (with possible exceptions in ll. 327, 476, 1705, 1725), but the letter *a* is always written except in *m'alme* 661, 815, *m'amur* 662, *s'amur* 1109. For the apparent reduction of *mun* to *m'* see the note on l. 1215. Among the atonic forms of the possessive of the plural, *noz* is used as nominative plural in ll. 44, 49, 1080, 1274; in the oblique plural *nus* 754 for *noz* is probably a slip, but see Pope § 1261 (iii). The form *lur* is invariable.

Tonic forms of the possessive adjective occur with definite articles and demonstrative adjectives: *li mien ami* 1331, *le tuen comant* 1197, *la sue volunté* 350, *ceste moie vesture* 604, etc. There are also examples of the tonic possessive without an article: *pur tue franchise* 781, *Ewe sue per* 105, and the locution *men escient* 1561. The article appears with the atonic possessive, perhaps by a slip, in *le tun eschantement* 195.

3. Personal Pronouns. The use of the strong form *lui* as direct object of the verb is in most instances in accordance with normal Old French practice: after an imperative 1223; with an infinitive 139, 1625 (*li* for *lui*), 1724; co-ordinated with a noun object 437, 498; in elliptical constructions without a verb 346, 733. It appears to be used for purposes of emphasis in *Lui pri e aur* 58, *Ki lui eiment e en lui unt amur* 1371, *E lui tuit aurent k'en croiz murut* 1799. It is only in *en croiz lui mistrent* 289 and *Tant lui suit grant pueple* 751 that *le* would be expected rather than *lui*.

4. Relative Pronouns. The normal nominative form for both persons and things is *ki* (the spelling *qui* appears only at the beginning of the line with capital *Q*: 546, 1088, 1796), but *ke* in ll. 337, 650, 1052, 1171, 1718; before a vowel it is often reduced to *k'* as in ll. 14, 61, 66, 100, etc. The oblique form is usually *ke*, before a vowel *k'*. The form *ki* (here representing Early Old French *cui*) is used in reference to persons and personified things as object of a preposition and as indirect object, especially in a possessive sense: *Auban ki chief est ja du bu coupé* 949, cf. 116, 736, 871, 89r; occasionally also as direct

object as in ll. 331, 427, 1004, 1331, 1512, 1661, 1675. The *ki* of the manuscript has been corrected to *ke* when it represents the oblique case referring to a thing, l. 463, or neuter, l. 433, as also when it stands for the conjunction *ke*: ll. 442, 709, 1027, 1392, 354r, 415r.

5. Definite Article. In general the forms used are those of standard Old French: masculine singular nominative *li*, oblique *le*, plural nominative *li*, oblique *les*; feminine singular *la*, plural *les*; compounded forms *al* or *au*, *as*, *du* (*del* 1443, 1697), *des*, *el* or *eu*, *es*. Occasionally, however, the masculine singular nominative is *le*, *l'* as in ll. 270, 304, 306, 482, etc., and the masculine plural nominative *les* as in ll. 1372, 1375, etc. In the masculine singular oblique the archaic form *lu* appears in the possessive constructions *as nosces lu ber* 62, *le cors lu martir* 992, *au cors lu martir tucher* 115r and in the adverbial phrase *lu soir e lu matin* 58, otherwise only in *vers lu ciel* 1705; for a rather similarly restricted use of the form *lo* cf. *Horn* II, 52.

(c) *Conjugation*

1. Conjugation-types; Infinitive. Infinitives originally in *-eir* are assimilated to the type in *-er*: in rhyme *aparer* 1287, *poer* (as noun) 49, 138, etc., *recever* 1324, 1646, *saver* (as noun) 1314, 1659, etc., *voler* (as noun) 1282, 1681; within the line also *aver* 1301, *parer* 1001, 1003, *ver* 761, 783, etc. (*voer* 942). This is a phonetic development, which in the *Seint Auban* affects the infinitive only (Pope § 1309). On the other hand, a number of verbs are conjugated on the *-ir* type which elsewhere belong predominantly or exclusively to the *-er* conjugation: *deramir, eschivir, estrangir, fichir, froissir, secchir* (cf. Pope § 1314).

2. Present-stem Tenses. The singular endings of present-stem tenses of the first conjugation occur with and without analogical *-e*. Etymological forms include: in rhyme, present indicative 1 *cumant* 305r, *demant* 814, *li* 488, *ni* 275, *pri* 279, *remir* 1208, present subjunctive 3 *gart* 284r; within the line, present indicative 1 *abandun* 488, *aur* 58, *cumant* 251, 488, etc., *cunt* 349r, *demant* 329, *eim* 477, *lief* 1831, *lou* 1078, 1693, etc., *os* 276, *pri* 58, *recleim* 609, *reni* 333, 608; present subjunctive 3 *g(u)ard* 26, 528, etc., *haid* 609, *saut* 128, 935, etc. Among the forms with analogical *-e*, which are almost entirely confined to the subjunctive, are: in rhyme, present subjunctive 2 *enpreinnes* 279r, 3 *agree* 498, *aure* 55r, *bute* 48r, *crucifie* 719, *esparpeile* 206r, *labure* 239r, 406r, *recunforte* 178r, *restore* 108r, *tence* 308r; within the line, present

indicative 1 *prise* 334, present subjunctive 1 *aure* 642, 3 *chante* 320r, *cleime* 60r, *cunpere* 1582, *grundille* 308r, *peise* 498.

More specifically Anglo-Norman (Pope §§ 1292–3) is the use of forms of these tenses without their etymological -*e*: in rhyme, present indicative 3 *enveit* 156r, imperative 2 *aur* 584; within the line, present indicative 3 *cunveit* 43r, *lot* 1461, *ottreit* 142, imperative 2 *pens* 563, *recleim* 1662, 107r, *recunt* 278, *reni* 583, 1661, *sauf* 244. While the indicative forms listed are no doubt due to the specific analogy of common verb-forms like *veit* and *ot* (Pope § 1310), this could hardly have operated if the final -*e* had not already been rather unstable.

Among verbs of conjugations other than the first, we appear to have the Western analogical terminations -*c* and -*ge* in present indicative 1 *retenc* 604, imperative 2 *entenc* 456, 556, 1670, present subjunctive 3 *avenge* 429.[1] On the other hand, in the verbs *prendre*, *venir* and *devenir* the corresponding forms end in -*ng* and -*inne* (-*ingne*) respectively, suggesting a pronunciation with palatal *n*: present indicative 1 *preng* 1828, *veng* 27, 33, 63, *deveng* 332, 812, 1828, present subjunctive 1 *deveingne* 180, 3 *preinne* 929, 1439; see also p. xxvii.

In the -*ir* conjugation exceptional present subjunctive forms are *ensevelie* 724, 232r and *garantie* 315r.[2]

3. Imperfect Indicative. The endings of the imperfect indicative and conditional 1, 3 and 6 are normally in -*oie*, -*oit*, -*oient*; but *feseit* 1171, *purreit* 81, *orreient* 470, etc. In the first person plural the analogical ending -*oium* occurs in *estoium* 1178, 1539 (Pope § 1313). In the verb *estre* the forms *ert* (ll. 9, 202, 288, etc.) and *erent* (ll. 1721, 1751, etc.) are less usual than *estoit* and *estoient*.

4. Future and Conditional. From verbs with infinitives in -*rer*, -*ner*, -*r(e)ir* the normal forms with -*rr*- occur: *aurrum* 246, *aurrunt* 622, *durrunt* 1417, *parra* 440. But these forms are also written with a single *r*, apparently representing a phonetic reduction: *aurai* 1268, *dura* 434; and this in turn gives rise to a hypercorrect spelling with *rr* in verbs which phonetically had *r*: *dirra* 171, 439, *irrunt* 626, *serras* 219, *serra* 339, *serrunt* 1036, *serroit* 94, etc. (the only forms of *estre* with *r* seem to be *serunt* 1493, *seroie* 462). In the verb *faire* forms with the stem *fr*- greatly predominate: *frai* 390, *fras* 188, *frez* 433, *friez* 385, etc.; but *ferai* 181, *ferunt* 627, etc. In verbs of conjugations

---

[1] Cf. Pope, op. cit., §§ 900, 910, 1274–5, and the same author's *Étude sur la Langue de Frère Angier* (Paris, 1903), pp. 34–5, 39–40, 60.

[2] Cf. P. Fouché, *Le Verbe français* (Paris, 1931), p. 34.

other than the first a glide -*e*- is frequently inserted between the stem-consonant and *r*: *averai* 1841, *espandera* 432, *perdera* 1574, *respunderai* 529, *saverra* 442, *surdera* 428, etc. The etymological future of *estre* is represented by 1 *ere* 831, 1129, 3 *ert* 321, 389, 1022, etc.

5. Preterite. The preterite of (*re*)*maneir* shows consistently the Anglo-Norman forms in -*i*-: 1 *remis* 1454, 3 *remist* 1115, 1254, 1348, 1436, also past participle *mis* 147. It is no doubt the phonetic reduction of *ui* to *u* that accounts for *fu* (for *fui*) twice in l. 223, perhaps also for *lut* 1096 instead of *luist*. In the verb (*re*)*tenir* there occurs the exceptional form 1 *re*(*n*)*tinc* 269, and we should probably see a preterite in 3 *tenc* 1631 and perhaps also in 1 *retenc* 604.

6. Present and Imperfect Subjunctive. In the verb *poer*, perhaps as a result of the Anglo-Norman tendency to reduce both *ui* and *oü*, *eü* to *u*, there appears to be some confusion between the forms of the two tenses; *pousse* 667 and *peusum* 1300 are used where present subjunctives would be expected. In the imperfect subjunctive of *voler* the stem is *vois*-: 3 *voisist* 1339, 5 *voi*[*si*]*ssez* 612.

III. *Syntax and Style*

Of particular interest, as being both predominantly and characteristically Anglo-Norman, are the following features:

1. The use of *le* with a comparative in the sense of Latin *eo, tanto* or English *the*: *tant es le plus huni* 242, *n'en serras le pejur* 568.[1]

2. The use of the demonstrative pronoun *celui* as a nominative when followed by *ki* or *ke*: *celui le gard ki cria la terre* 528, cf. 302, 591; and conversely of *cist* as an oblique in the locution *n'a cist ki*: *n'a cist ki n'est muntez palefrei* 1421, cf. 650, 1304 (cf. *Horn* II, 51).

3. The confusion between *cist*-forms and *cil*-forms: *n'a cist ke ne obeist* 650, *Cist se fert ki ne veit* 1315 (cf. *Horn* II, 81–2).

4. The use of the interrogative adjective *quel* as a relative pronoun: *citoiens a keus* 1230 (cf. Pope § 1262).

5. The use in conditional clauses of (*a*) the future indicative: *s'a pleisir vus vendra* 433; (*b*) the present subjunctive: *si mal eiez* 463, *si Deus n'en eit merci* 1081, *si il vive* 1579 (cf. *Horn* II, 95).

6. The use of the indicative where the subjunctive is normal in

---

[1] Cf. A. Tobler, *Vermischte Beiträge zur französischen Grammatik*, II (2nd ed., Leipzig, 1906), 57–9; A. Stimming, *Der anglonormannische Boeve de Haumtone* (Halle, 1899), note on l. 2701.

Old French (cf. *Horn* II, 94): (*a*) in a relative or adverbial clause depending on a negative or hypothetical principal: *N'a cist ki n'est muntez* 1421, *Si mal eiez ke point n'i avez deservi* 463, cf. 115, 184-5, 650, and possibly also some of the passages listed above, p. xxv, as containing present subjunctive forms with analogical -*e* (*aure* 642, *cumpere* 1582, etc.); but unambiguous subjunctives appear in ll. 194, 365, 1462, etc.; (*b*) in a temporal clause of anteriority: *avant ke nus hom garde s'en dura* 434; but the subjunctive is used after *avant ke* in l. 429 and after *einz ke* in l. 1364.

7. The occasional use of *nul* 'no, none' and *ne* 'nor' without *ne* accompanying the finite verb: *u nuls unc hom ala avant* 805, *Ne batel ne nief a passer unt truvé* 766, cf. 1746 (cf. *Boeve*, note on l. 283).

Anglo-Norman usage may also be responsible for (1) confusion between the second persons singular and plural: *Deus . . . Vus benoie e guard ki tant pers prudeber!* 26, cf. 68, 94-5, etc., *vus par Deu meimes en es revisité* 342; (2) the use of an infinitive without preposition depending on verbs such as *cumander* 30, 665, etc., *cumencer* 103, *sumundre* 1427, 1991r (cf. *Boeve*, note on l. 292; *Horn* II, 83); (3) the use of the infinitive with *de* to express purpose: see l. 1329 and note (cf. *Horn* II, note on l. 291).

Certain recurrent usages on the border between syntax and style sometimes make the construction appear obscure or awkward: (1) the use of a single *de* in a dual function: see ll. 682, 1351, 1651 and notes; (2) the abnormal placing of elements of the sentence, especially by way of anteposition (cf. *Horn* II, 99): (*a*) a subordinate clause placed before its principal: *Ke tu as deservi, luer tei est apresté* 755, cf. 278, 557; (*b*) a subject, object or adverbial phrase placed before the conjunction *kar* or *ke* or the relative *ki* or *ke* introducing the clause to which it belongs: *De barun cumpainnie kar ne vout espruver* 134, cf. 942; *E lui e sun maistre sacez ke susprendra* 437, cf. 279, 469, 406r; *Li uns du pund en l'ewe ki en sunt trebuché* 774, cf. 415, 419, 459, 659, etc.; (*c*) an adverbial clause intercalated between the negation and the verb of the principal: *n'a nul des Sarrazins ki ne, voille u nun, die . . .* 1462.

6. Orthography; Establishment of Text

Among the orthographical features of the text the following are worthy of note: (1) almost indiscriminate use of the spellings *ei*, *oi*, *ai, e,* e.g. (for Early Old French *ei*) *lei* 12, *loi* 6; *feiᴣ* 152, *faiᴣ* 169; *creire* 1260, *croire* 210, *craire* 185, *crere* 1239; also *aie* in *aiere* 56, but *eire* 264r; (for Early Old French *ai*) *air* 85, *eir* 1337; *paleis* 52, *palois* 16; *eieᴣ* 299, *oieᴣ* 53; (2) occasional confusion of *ei* and *e* (*ie*) before nasal, e.g. *ren* 211, *rein* 700; *citoien* 19, *citoiein* 713; (3) occasional doubling of *e,* e.g. *geenst* 589, *reestorer* 1674, *deevé* 1775; (4) use of the digraph *th* in proper names, *Beethleem* 61, *Sathan* 14, etc., and also in the pp. *chaeth* 1155; (5) use of the digraph *ae* to represent *e* in *saet* (< *septem*) 359, (< *sapit*) 1569, *saerree* 509, *saerpent* 522, *raedde* 790, *aen* 1032, etc.; (6) use of *ou* to represent *ü* in *oui* (< *hodie*) 1648.

The scribe utilizes numerous superscripts, most of which are common and can be verified from forms of the words written in full. Of unusual interest is his occasional use of δ to represent *de* at the beginning or end of a word, *gardé e defendu* 1388 and of ÷ to stand for *est* 460. See also note on l. 457.

The following modifications have been effected: *u* and *v* and *i* and *j* have been regularized on the basis of vocalic and consonantal value; the manuscript forms *del* and *al* have been replaced before words beginning with a vowel by the modern forms *de l'* and *a l'*; a cedilla has been placed under *c* before *a, o* or *u* whenever the sound is the same as that of *c* before *e* or *i*; all proper names have been capitalized and where necessary expanded, *Amph* 1408 becoming *Amphibal*; modern punctuation has been introduced; the nasal titulus before labials has been rendered by *m* or *n,* following as far as possible the practice of the scribe in writing the same or a similar word in full; the acute accent has been inserted on final tonic *-é* and *-és* to distinguish them from atonic *-e* and *-es,* and likewise in a few cases on monosyllabic words such as *pé* 1774. The diaeresis has not been used in this edition, the syllable count being too unreliable.

Corrections to the manuscript text involving the addition of a letter or letters appear between square brackets. Rejected readings are printed at the bottom of the page.

LA VIE DE SEINT AUBAN

1 ... Ki tant est redutee de diable enfernal;
Mes ne ert d'or adubbee ne d'autre metal,
De peres preciuses, de ivoire ne roal;
N'i out acastonee ne gemme, ne cristal.
5 De fust i fu furmez uns cors d'um mortal,
Penduz e cloufichez a loi de desloial;
Avau l'un des costez raa li sancs cural.
Ceste croiz aure serrein e matinal
Cum cist ki ert amis Jesu espicial.
10 Il vent a Varlam, un liu emperial,
Une cité nobile sanz gueres paringal
Si ne fust entuschee de la lei criminal;
Mes Sarrazins la tindrent, dunt fu grant duel et mal,
K'en Apolin creient, Sathan e Belial.
15 Vent s'en li clers e entre a un maistre portal.
Un palois perrin trove, ki ne pert pas casal,
A solers e estages e celers grantz aval,
E le seingnur, seant a l'uis de sun ostal,
Nobile citoien en atur festival
20 A robe d'or batue e nusches de aesmal.
Auban ad nun, de la cité un haut mareschal.
N'i out plus cuneuz, ne nus plus communal;
Si ancesur estoient Romein original.
Li clers le salue e si saluz fu tal:

25 2 'Deus ki ad tut le mund a guverner
Vus benoie e guard ki tant pers prudeber!
Trespassant sui estrange ki m'en veng d'utre mer,
Las, ki palefrei n'ai a chevaucher.
Ostel demand pur Deu ki nus deingna crier.'
30 Cist bonement li grante, acoilt, cumande entrer,
Une part l'apele, cumence a demander:
'Ki es tu e dunst vens? U penses tu aler?'
Cist respund: 'De orient veng sanz sujurner.
Vers Guales mun pais est mun purpos teser,

1

35 La nuvele esjoie precher e nuncier
    Du Fiz Deu, Jesu Crist ki nus deingna sauver,
    Naistre, en croiz murir e de mort relever,   29*b*
    De enfer nus rescure e puis eu ciel munter,
    Ki puis jugera nus tuz au paraler,
40 Sanz ki ne vaut pas tut li mundz un dener.'
    Quant l'ot Auban du Fiz Deu parler,
    Mut cumence de ço esmervoiller.
    'Cument', dist il, 'oses tu celui numer
    Par ki noz deus unt eu damage e desturber?
45 E oses devant moi en ma maisun precher
    Ke Jesus ad tut le mund a guverner?
    E en queu manere peustes vus passer
    Geske ça, sanz mort e sanz encumbrer,
    U noz deus unt lur lei e lur poer
50 Ki ceu Jesu heent cum aloue esperver?'

    3 'Auban, bel hoste!' respond li pelerin,
    'Herbergé m'as ja en tun paleis marbrin,
    N'oiez vers mes diz quor dur ne ferrin!
    Jesu Crist recleim e a lui sui enclin
55 Ki regne e regnera sanz cumençail e fin.
    Il devise e dresce mun aiere e mun chemin;
    Escu m'est e guarant plus ke chastel perin.
    Lui pri e aur lu soir e lu matin,
    Ki guarde e cunforte le povre e le frarin,
60 Ki pest le famillus, ki sustent l'orfanin,
    K'en Beethleem naski, ki fist de l'ewe vin
    Quant manga as nosces lu ber Architriclin.
    En cest pais m'en veng estrange e barbarin
    Pur toi e pur meint autre mescreant Sarrazin.
65 Pur Jesu guerpiras la loi Apolin
    K'en enfer gist puant cum bucs u mastim
    Lez Sathan, le maufé, cunpainz e vesin.
    Pur Deu murras martir, ço vus di e devin.
    N'a pl[ace ne liu]s ci k'a l'ewe du Rin
70 La [estoire n'ert] cuntee en francés e latin.'

4 Quant [li ber Auban] ad sun oste entendu
[Ki est en] sun ostel entrez e receuz,
De ses diz est a mervelles meuz.   29c
Une part l'acoilt e of lui est venuz
75 A une maison foreine, k'i[l] n'i soient veu
De veisins u serganz, oi ne aperceu.
'Trop', dist, 'me esmerveil de ço ke me dis tu,
Ki nuveles me portes d'un Deu mescuneu,
Fiz d'une pucele, k'em claime Jesu,
80 Ki, sulum ta favele, Deu e Fiz Deu fu;
Ke ne purreit estre, m'est vis, entendu,
Ne par fines raisuns enquis ne seu.
Ne jo ne l'ai apris, ne pruvé, ne leu
Ke Deu, ki tant est de force e de vertu,
85 Ki fist les elementz, terre, unde, air e fu,
Par ki li mundz est e faitz e sustenu,
Deingnast de femme naistre, e estre en croiz pendu,
A un fust cloufichez, du glaive au quor ferru,
Penez e escharniz e de fel enbeuz,
90 Mort, de croiz ostez e posez en sarc[u]
Cum un de nus morteus, petiz e me[nuz.]
Trop i es enganez, trop i es deceu.
Fuissez des citoiens ja recuneu,   29d
Ne te serroit or rançum, n'um mortal escu,
95 Ke ne fuissez detrenchez ja de brantz muluz.'
Respund Amphibal: 'Ne soiez irascu!
Kar par Deu, ki m'amene a vostre salu,
Sui en cest pais entrez e arestuz.
Ne vout Deus ke soiez damnez ne perdu,
100 K'en franchise e almosne as tun tens despendu.
Tu regneras of lui cum sis amis e dru.'

5 Al nun le Fiz Marie, ki tut ad a guier,
Cumence Amphibals sun sermun desploier.
Auban ben l'escute e entent i de quor.
105 'Quant Deus out fait Adam e Ewe sue per,
D'un arbre lur defendi le fruit a manger.

103 sermun] sermūn

C

Il le trespasserent sanz pardun demander.
Deus ki est dreitureus nes vout esparnier;
De parais les ruva ambesdeus exuiller.
110 Despuis lur cuvint lur vie demener
En labur, doler, languir e devier,
En la prisun de emfer aler, puis sujurner,
E trestut lur lingnage, en les laz le adverser.   30*a*
Ne pout estre guarantz, ne nus aver mester,
115 Ke tuz ne lur cuvint cele part aler
A Sathan, ki cunseil lur plust escuter,
U lur cuvint grant tens of lui demurer
Ci la k'il plut a lui, ki nus deinna crier,
Par sa grace nus d'iluec engetter;
120 E diable ki mist hom en encumbrer
Par humme cuvint descumfire e mater.
Li Haut Pere du ciel ki fist e terre e mer
En autre k'en sun cher Fiz ne se vout fier
A si grant busoinne fere e achever.
125 De l'angle Gabriel en fist sun messager,
Ki la nuvele vint en terre nuncier
E une pucele tut issi saluer:
"Marie, Deu te saut, la benoite mulier
De grace replenie, ki tant faitz a amer!
130 Celui enfanterez ki vent le mund sauver,
Dunt as oi lire e prophetizer,
Messie ki deit tut le mund restorer."
Cele ert esbaie; cumence a esmerveiller,
De barun cumpainnie kar ne vout espruver.
135 Cist la recunforte par raisuns demustrer:
"Seintz esperitz en toi vendra recunser,
Ki toi cumme mere vudra enumbrer.
Ki du mund ad seingnurie e poer,
Par droit apent naistre, e tei lui enfanter,
140 Sanz pucelage perdre u damager
E sanz cunoissance d'umme u repruver."
Atant l'ottreit cele sanz nier u duter.

6 'Tut issi cum vus recunt e devis
Pur nus tuz nasqui li reis de parais,

145 E fu au jur oitisme eu temple circumcis.
    Jesu l'apelerent si parent e amis.
    Aprés pou de tens puis ke out entre nus mis,
    Vertuz fist grantz; sana paraletics,   30*b*
    Feverus, avogles, desvez e kaifs,
150 Leprus e cuntrez e de maufez purpris;
    Mortz resuscita; guari les ydropics.
    Mes puis ke il fu d'age e de anz treis feiz dis,
    E de lui crut la renumee e pris,
    Envie en urent adverser enemis.
155 Par Jueus e Judas le traitre fu quis,
    Trahiz e venduz, guetez, truvez e pris,
    A tort encupez, leidiz e en croiz mis,
    E au queur feru du chevaler Lungis.
    Murut; dunc trembla terre en tuz lius e pais,
160 Mua lune culur, devint li solailz bis.
    Dunc devindrent Jueus murnes e pensis;
    Ben savoient k'i[l] urent e mesfait e mespris,
    Ki tuz jurs declinerent puis de mal en pis,
    Sanz rei, vaivez, dulurus, serfs pleintifs.
165 Mes Jesu releva cume sires poestifs
    Au terz di, d'enfer rescut ses prisuns cheitifs,
    Eu ciel munta, a destre sun Pere est asis.
    D'iluec fu as apostles li seinz esperitz tramis
    Ki estoient esluz par numbre deus faiz sis.
170 E d'iluec vendra juger les mortz e vifs
    Quant dirra: "Venez, mes leaus amis gentils!
    Recevez la joie ke jo ja vus promis,
    U n'afra jamais mortz, noise, ne duel, ne estrifs;
    E vus, pecchur, danpnez eu feu ki art tutdis!" '

175   7 Auban ben l'escute e de quor i entent,
       E puis li en a respundu simplement:
       'Ne sai vostre lei, ne cuntenement,
       Ne ke Jesus en ses establiz aprent;
       Mes si par aventure curage me prent
180   Ke crestiens deveingne par vostre enseignement,
       Di moi ke ferai tut au cumencement,
       Ke fere deverai e ke fere i apent.'

Adunc respundi li clers tut umblement: 30c
'Si Deu tant tun quor eslumine e esprent
185 Ke tu la trinité voz craire fermement,
Le Pere e le Fiz, Seint Esperit ensement,
Trois persones, un Deu veraiement,
De toi li fras sacrifice e present.
Kar ki ço ne croit, enfernal turment
190 Sanz fin prendre aprés la mort atent.'
Auban li ad dit ireement:
'Ço ne reçoit ne sen ne entendement;
Ne purroit estre pruvé par argument
Ke un fust trois, e trois un senglement.
195 Desore guerpis le tun eschantement,
Despuis ke droitz ne raisuns n'i assent.'
Atant s'en part par ire e mautalent.
Dormir s'en va, kar la nuit le susprent.
Amphibal sul i demuere e atent;
200 Davant sa croiz la nuit en uraisuns despent.

8 Auban atant s'en est alez chucher;
En sun lit s'endort ki ert en un soler.
Mes Deus nel vout ne guerpir ne ubblier,
Ki li doinne sun segrei demustrer
205 E par avisiun lui esmoillir le quoer.
Kar avis lui est sanz fentosme u duter
Cum Deus deingna du ciel desendre e avaler,
Eu mund entre morteus e vivre e cunverser,
Aprés ço la vie en la croiz achever;
210 E quancke a crestien croire est mester
Lui ad tut mustré Deus sanz ren celer.
Le matin est levez par tens a l'enjurner;
Hastivement s'en va a sun hoste parler,
E sa avisiun a lui apertement cunter.
215 'Beus hostes', dist il, 'mut ai dormi des hier,
Mes ne prist sum mis quors, ne mis penser,
Kar un sunge sungai, ne oistes unc le per.
Si tu ke signifie me sez enseinner,   30d

193 pruve] *repeated*

Tu serras mi maistres e jo tis escoler.
220 Jamais ne nus purra vie ne mort sevrer
K'en vostre doctrine ne voille demurer.

9 'La nuit estoit peisible, li tens beus e seri.
En mun lit fu chuchez e ferm fu endormi.
Avis m'ert ke li cels se desclot e uvri
225 Beus e delitables e purs e esclarci,
U la gloire de Deu parut e resplendi.
Uns hom d'iluec en terre ça jus desendi;
En terre fu vivant, en terre fu nurri.
Un poples cuntre lui e cruel e hardi
230 Vint, ki sa doctrine despit e eschivi,
E a tort l'acupa e puis prist e seisi,
E divers turmentz en lui despendi;
Lia e repruva, laidit e escharni,   31a
Gesk'au sanc espandre de escurgies bati,
235 Des paumes a la face crueument feri,
En un fust drescé, autre en travers parmi,
A clous le afferma, encroa e pendi,
De espines curuna, a boivre fel tendi.
Par despit disoient a gonoilluns devant li:
240 "Hai! Rois de Giueus, poisant e enrichi,
Ore pert ke tu es e despit e guerpi.
Autres de toi sauvas, tant es le plus huni.
Les perillez rescuz ja, ki ore par es peri.
Sauf tun cors demeine cum sauver seuz autri!
245 De la croiz desent ore devant le pople ci
E toi tuz aurrum e crierum merci!"
E cist ja noise ne fist, ne mot ne respundi,
Mes quancke il savoient fere e dire sufri.
Murut, e en murant haut getta un cri:
250 "En tes meins mun esperit, Pere Adonai,
Cumant, kar de moi est ja tut acumpli."   31b
Trembla trestut li mundz, solail enobscuri,
Un grantz veilz du temple desira e rumpi,
Froisirent peres, e la lune enpali,

250 mun] mut

255 Ne rai ne lumere solail ne espandi.
    Un de eus la curaille d'un glaive li ovri;
    Du cors apertement sanc e ewe hissi
    Au saucher de la lance. Jo de mes [oilz ço] vi.
    Dunc furent li felun tirant [esmoilli,]
260 Li las e li dolent ki avant l'ure[nt hai.]
    De la croiz fu ostez e puis enseve[li.]
    Li sepulcres estoit ben clos e ben garni;
    Mes cist ki mortz estoit releva au terz di,
    E eu ciel munta. Grant turbe le sivi;
265 Gloire e clarté les esceint e fluri.
    Vindrent a l'encuntre, lez e esjoi,
    Les legiuns des angles ke blancheur vesti.
    En joie sunt trestuit drescé e esbaudi.
    Chanterent, e lur chant retinc e entendi: 31c
270 "Benoit seit le Pere ki tuz nus ad guari
    E sun Fiz ki li est parilgal e uni!"
    La joie ki i fu e ke jo i oi,
    Quors nel puet penser, ne jo nel vus pardi.
    Plus me mustra Deus e plus me descuvri
275 Segrei celestien, ke desclore vus ni;
    Kar descuverir ne l'os, bien seiez certz e fi.
    Mes ceste avisiun, beus ostes e ami,
    K'est k[e] [s]ignifie, me recunt e di;
    Feintise u fauseté ke n'i seit ja, ço pri.'

280   10 Quant Amphibal entent sun quor e sun curage,
    Ke Deus l'at fait aignel d'un leun sauvage,
    Deu primes enmercie, cum lettrez e sage,
    Ki fist e terre e mer, oisel, peisun marage.
    Sa croiz li ad mustré ki le cunforte e suage.
285 'Auban', dist il, 'citoien nobiles de parage,
    Veez ci la croiz Jesu ki humein lignage
    Rescust de diable e d'enfernal servage.
    Parcruz ert e trente ans out, kar tant estoit dunc d'age   31d
    Quant en croiz lui mistrent li Giue[u] de putage.
290 Tant sufri de peine e tant sufri de huntage

269 retinc] rentinc

Cum veiz en ceste croiz figuree la image.
Ne mist d'or ne d'argent pur nus rançun ne guage,
Mes de sa char demeine sacrifice e ostage.
Tun sunge puez entendre sanz fentosme u folage.
295 N'est par autre sermun, doctrine u language,
Mes par avisiun vus a Deu mué le curage.
Fai lui, cum fere deiz, lingance e humage;
Aliance seit batesme e primer mariage,
E ne eiez ja vers lui quor ligger ne volage;
300 Kar tu murras pur lui martir par vasselage;
Of lui regneras tuz jurs eu celestien barnage.

11 'Celui ke veistes par revelaciun
Servi e honuré de anglin[e] legiun,
Le Fiz Deu meimes fu, ki a sauvaciun
305 Mist nus tuz morteus par sa encarnaciun.
Le pueple ke veistes tant cruel e felun
Giueu sunt, ki par envie e lur grant mesprisun   32a
Mistrent Jesu a mort e a dampnaciun,
Ki jadis furent serfs au tirant Pharaun;
310 Mes Deus les engetta de servage e prisun
E de la lei lur fist e present e dun
E en terre les mena de promissiun.
Sun Fiz lur envea e livra a bandun,
Mes ne li firent unc pur ses bens si mal nun,
315 Tant ke il le mistrent a mort e passiun.
Relever le veistes en vostre avisiun
Cum fait li liunceus par la voiz du liun;
E eu ciel munta, of lui si cumpainun,
K'il out ja delivré d'enfernal regiun,
320 E ferm lié Sathan, le viel senglant dragun,
En enfer u ert tuz jurs sa mansiun.'
Auban de quor l'entent cum clerc fait sa lesçun.
Quant ad la croiz veue e le crucifi en sun,
Ben veit ke signifie la entaille e la façun.
325 A genoilluns se met par grant devociun;   32b
De ses errurs fait veraie cunfessiun.
A lermes e suspirs fait ad sa uraissun,
A jointes meins a dit e a weimentisun:

'De mes pecchez demant, beus sire Deus, pardun.
330 Ai! Jesu, funtainne de remissiun,
Ki eu ciel vi, quant geu dormant en ma maisun,
Ti serfs deveng desore, en ta subjecciun.
Apertement reni l'enchantement Mahun,
Apollin ne prise mes vallant un butun,
335 Jovin descunus e sun frere Neptun,
Tetim e Pallaide e le subterin Plutun,
E tute la lei paene ke par teu traisun
Met hum a grant ruine e a perdiciun.'

      12 'Amis', dist Amphibal, 'ne vus serra celé;
340 Seint Esperitz ad tun quor eslumé.
Par humme sunt li autre apris e endoctriné,
Mes vus par Deu meimes en es revisité,
E par sa revelaciun a lui es acointé.   32c
Ore vus pri e sumoin pur Deu en croiz pené,
345 Soiez amis verais e hem de lealté;
Kar eschoisi vus a e vus lui de bon gré.
Ja ne vus en partez par nule vanité.
Trespassable est li mundz e tute sa beuté,
Cum est la flur du champ u cum l'erbe du pré.
350 Mes ki sert Deu e fait la sue volunté
E murt en sun servise, a bonure fu né.
Cist regnera eu ciel sanz fin, curuné.
Mes li felun cheitif ki Deu unt ublié,
Li las dolerus, hai! tant sunt maluré!
355 U est Alexandres li princes alosé?
Cesaires li riches e li reduté?
E li autre prince tant riche e tant feffé
Ki tant urent tresor e tant nobilité?
N'unt ore plus de tere fors saet pez mesuré.
360 Mes l'alme tuz jurs viit santz mortal[it]é;
Mansiun truvera sanz nule fauseté
Sulum les faitz du cors k'eu mund ad esté.
Li guereduns est grantz as bons aturné.
Ne soiez esmeuz pur nule adversité
365 Ke hem vus face au cors u au quor maufé,
Kar a la fin serras martir par Deu pruvé;

Le regne averez du ciel ki vus est estué.'
De l'ewe atant demande e hom li ad porté,
E Auban baptize a grant humilité
370 Eu nun de la veraie e haute trinité.
En l'amur Deu l'a par sermun confermé,
De la fei Deu la summe apris e demustré.
E aprés ço ke il out trestut cest achevé
Le cungé li ad requis e demandé;
375 Si li dist: 'Amis, ne soiez esnuié.
E[n] mun pais m'en vois u oi einz purposé;
E vus soiez, beus ostes, a Jesu cumandé.
De vus croi estre seur e tres bien acerté,
Despuis ke Deu meimes ad tun quor saelé.   32d
380 E[n] mun pais m'en vois, asez ai sujurné,
Sarracins cunvertir dunt tant i a plenté.'

     13 Auban en suspirant li dit: 'Pur Deu sufrez;
Uncore de moi pas ne vus en partirez.
Dolenz en serroi[e] e trop descunfortez.
385 Si tu sul me guerpis, trop friez crueutez.
Une semeine veaus of moi demurez;
De la lei k'ai enpris plus m'enseinnerez.
S'il vus plaist, beu maistre, pur Deu le m'otriez!'
Respund Amphibal: 'Ja ne vus ert voiez.
390 Partut frai, sacez, tutes tes volentez.'
Dumurez est cum Auban li avoit proiez.
D'une maisun sutive, u il sunt ja entrez,
Unt fait lur escole, pur les grantz fertez
Des Sarracins feluns dunt il sunt guetez.
395 Iluec unt lur segreiz e cunseilz celez
Des relevees, e quant fu anoitez.
Lors li ad desclos escriz d'antiquitez
D'Adam, de parais cum fu desheritez;
D'Abel, cum l'ocist Caim si frere esnez;
400 Cum par le deluge estoit li mu[n]dz purgez,
Par Noé e ses fiz cum puis fu restorez;
D'Abram e Moyseus les veillardz alosez,
Cum furent andui de Damnedeu privez;
Des sacramentz d'iglise, cum il sunt cunfermez;

405   E du grant jugement ki tant est redutez;
      E[n] plusurs poinz, par unt doit hom estre sauvez,
      Est Auban ja apris e bien endoctrinez.

     14 Es vus un Sarrazin ki avisé les a
      A une fenestre par unt les esgarda.
410   Mes de eus ne fu veu ke les espia.
      Lur faitz e lur cunseilz oi e avisa.
      Vit cum a la croiz Auban s'agenoilla,
      Cum il guerpi Mahum e Jesu reclama.
      A un prince felun hastivement ala,
415   La cité Verolaime ki dunc guverna.   *33a*
      D'Auban la nuvele descuvri e cunta.
      'Ai! princes gentilz,' dist il, 'enten ça.
      Auban as perdu, dunt grant mal avendra,
      Noz deus ki ad guerpi e baptizez est ja.
420   Kar crestiens est, mar nus en dutera;
      Ben vi e bien l'oi cum il se humilia
      A un Jesu, Fiz Deu, ke il aura.
      Un pelerin trespassant, ki tut engané l'a,
      Ki s'en vent batant des terres de dela —
425   Plus set de enchantement ke nuls dire purra —
      D'un Deu tel estrange par ci sermunant va,
      Ki Giueu en Sulie en croiz penerent ja.
      Si cunrei n'en est pris, grant duel en surdera.
      Avant ke plus avenge, ki me croit ço fra
430   Ke fait li pastureus, despuis ke il verra
      Une brebiz malade: d'autres l'esloinnera;
      Kar si nun, par les autres li maus s'espandera.
      Ore frez ke dirai, s'a pleisir vus vendra,
      E avant ke nus hom garde s'en dura:
435   La vostre maisnee, ki pas ne se feindra,
      Le paleis e chanbres Auban trestutes cerchera,
      E lui e sun maistre sacez ke susprendra.
      Ça venir les face, kar a idunc orra
      La curt apertement k'Auban vus dirra,
440   E quancke vus ai dit, dunc pur voir parra;

433 ke] ki

S'en pernez teu vengance cum il i apendra,
Ke en seit chastiez chascuns ki la saverra,
E k'en dient trestuit: "Mar ja cumencera
Nus autres teu chose!" quant Auban s'en murra.'

445　　**15** Quant li tirantz crueus la parole entendi,
D'ire e mautalent tressua e fremi.
　　Les grantz vertuz jure Mahommet sun ami,
Si voirs est ke d'Auban avoit iluec oi,
Ke il les deus a[voit] sarrazinois guerpi,
450　Du bu le chief li fra voler de brant furbi;
　　Ke ja pur lignage ne serra esparni.　　　　　　　　33*b*
Auban, k'en estoit de trestut ço guarni
Par aucun de la curt dunt il estoit cheri,
Quant li jurs decline e nuit enobscuri,
455　A sun maistre est venuz tut esbai.
　　En plurant dist: 'Amis, entenc ke jo vus di.
Descuverz sumes de ço ke nus avum fait ci,
A un tirant felun k'a Deu est enemi,
De cest pais ki est tut sires e bailli,
460　E plus est pauteners ke n'est lu enchani.
　　Si pris sumes andui e menez devant li,
Hunte vus fra, dunt trop seroie mari,
Si mal eiez ke point n'i avez deservi.
Mes de moi ki cheut, peccheur enveilli?
465　De vus serroit grant duel si fuissez peri
En vostre jofnesce, ki a Deu es dru choisi;
Meint hom purra uncore par vus estre gari.
Alez vus ent, beu maistre, ço vus requor e pri,
De ces paens crueus ke ne soiez huni;
470　Kar raisun plus n'orreient ke tigre ensauvagi.　　　33*c*
　　Jo remain, e prendrai de bon quor esjoi
Quancke Deus m'a purveu e establi.
E vus ma robe averez u lut li ors burni —
Ne te osera nuire ne cuard ne hardi
475　Pur quei k'il t'en veie e vestu e seisi;
　　E jo ta esclavine, ke ça porter vus vi —

442 ke] ki　　459 e] ke　　463 ke] ki

Plus l'eim ke peleiçun d'ermine enblanchi.'
Amphibal l'ottrie k'a ses diz obei.
Atant si sunt andui d'iluec meuz e parti;
480 Auban de sa cité ofvokes lui issi,
Ki bien le cunduseit treis arpentz e demi.
Mut veissez grant duel quant l'un d'autre parti.
Auban de tendrur gent, plura e pali,
E dist: 'Pur Deu, beu maistre, k'en Beethleem nasqui,
485 Kar proiez Deu pur moi ke ne soie flecchiz.'
E cist respund: 'Ne soiez ja espouri!
Kar of vus est Jesus ki du ciel desendi.
A lui vus cumant e abandun e li   33d
Ke ne soiez de lui esloinnez pur nulli,
490 Ki sa iglise sur pere funda e establi.
Ma croiz vus doins ke ne mettez ja Jesum en ubbli.'
Cist l'en enmercie, ki pas ne la lenqui.
Atant s'en part li clers e Auban reverti.

16 A l'endemein par tens quant part la matinee
495 E du solail parut la clarté k'est levee,
Li fels tirantz cumande trestute sa mesnee
Ke la maisun Auban seit tute cerchee,
E lui e son hoste, a ki peise u agree,
Facent a eus venir a la curt asemblee,
500 Numeement celui ki en ceste cuntree
D'un Deu nuvel preche, Jesu de Galilee,
K'en Sulie murut en haute croiz drescee.
E cist s'en vunt curant par la rue pavee
Portantz bastuns, maçues u hache u espee.
505 A hautes manaces e grant bruit e criee,
Cum gent ki s'aturne a morteu medlee
As maissuns Auban vu[n]t sanz nule demuree.
Chambres vunt cherchant, n'est nule trespassee.
Uis brisent e porte si il la trovent saerree.
510 Auban vunt querant cum gent desmesuree,
Le crestien demandent k'ad lur lei avilee,
Tant k'une chambre sutife i unt truvee,

504 maçues] maceus

E Auban sul i veient ki ad sa croiz levee;
Nupez a genoilluns suvent l'ad auree,
515 Des lermes k'il espant est sa face arusee,
E la lei Jesu suvent ad reclamee
Ke sa vertu li seit tramise e envee[e].
Cist entrent; si unt grant noise cumencee
De l'esclavine k'il voient k'Auban ad afublee
520 E de la croiz nuvele k'il ad tant honuree.
Plus est chescuns esmeuz ke n'est quant est bersee
Leonesse, u saerpent, quant ele se sent blescee.
Dient en hauste voiz e a cruel gorgee:
'U est cist faus truantz ki a pute destinee   34a
525 Va par ci prechant de la lei cuntruvee?'
Auban a parole simple e atempree
Dist k'il s'en ala ben devant l'ajurnee:
'Celui le gard ki cria la terre e mer salee.
Pur lui respunderai tutz les jurs de mun ee
530 Partut u veritez e dreiture est pruvee.'
Lors l'unt cist pris e trahit par la rue e chaucee,
Li uns par les chevoilz sanz mesure e manee,
Li autre par la robe k'il unt tost desiree.
Du sacher e buter li est ensanglaentee.
535 Auban sa croiz retent, ne l'ad pas ublie[e],
Dunt plus se curuce cele gent maluree.
La cité en est tute tost esmue e trublee
E l'achesun pur quei par tut est renumee.
A curt sunt ja venuz u fu gent aunee,
540 Atendant la parole, a queu chief fust menee.

17 Quant li princes l'ad veu en cel estrange atur
Ke il ad de sun maistre retenu par amur,
De ire e mautalent tut mue la culur,
E puis li a dit par curuz e irur:
545 'Ki es tu ki nus as fait si grant deshonur,
Qui guerpi as ke tindrent ti gentil ancesur?
Ne fuissez citoien de parenté majur,
Ja fuissez a mort livrez e a dulur.

548 ja] jas

De vus s'esmervellent li grant e li menur,
550 Ki sages es de aprise e d'age estes maur,
E deussez estre as autres essample e mireur.
Ore croiz ke va prechant un estrange tafur
Ki s'en va, vaivez, par terres sanz sujur,
E ore s'en est binnez en tenegre devant jur
555 Cum luz u cum gupilz escriez de pastur.
Entenc cum sa doctrine folage est e errur.
K'a fause fust pruvee, ben pert k'il out pour.
Venuz dust estre ci devant nus a baudur
Cum maistre e avoué e cum certein prechur,
560 E estre a sun deciple e guarant e sucur.
Mais ben l'ad ore pruvé ke il est boiseur.   34*b*
"Fauseté se soille", dit hom "au chef de tur."
Pens de tun lingnage, ki grant conquesteur
De Rumme nez, ki furent du mund cumandeur,
565 Sarrazins nobiles de grantz terres seingnur,
Ki en noz deus tuz crurent ki tant sunt de valur;
A eus sunt entendant roi, duc, empereur.
Repent toi de tun maisfait, n'en serras le pejur.
Engettez ces drapeus! Ne vus nuit la puur?
570 E cele croiz ke tu la tens, dun'e[n] as tu hisdur?
Ben s'en puet gabber de vus cist enchantur
Ki ta robe enporte. Hai! queu changeur!
Mes n'est nul tant sage, tant fort, ne tant seur,
Ki n'est aucune feit susduit par foleur.
575 Par traisun perist meint quens, meint vavasur,
Marcheant en feire, chevaler en estur.
N'estes pas darreins, a tei n'est fait premur.
N'est ki ne prent sum, fere purrez retur.
Repentir te purras de cest[e] grant foleur.
580 En noz deus ad grant franchise e duçur,   34*c*
Ki pieté unt tost de repentant pecchur.
N'averunt vers toi plus ne ire ne rancur.
Reni Jesu ke claimes Fiz Deu, le Sauveur,
E noz deus poestifs desoremés aur!
585 Tu en purras consirer gueredun e honur,
Terres e citez grant[z], fiez, chasteus e tur.

Kar li doilz serroit grantz, ne veimes unc greinnur,
Si tu t'en murs, ki en es de la cité la flur.'

18 De tut ço n'est Auban esmuz, ne geenst, ne deut, ne
590 Sun curage e quor justise par sage atempreure;   [plure.
Puis respund cum celui ki de blandir n'a cure,
E dist: 'Amis, si te doinst Deus bonaventure,
Queus est li creaturs plus haut u sue creature?
Quidez ke jo pur deu recleim metal u pere dure
595 Ki ne parole, ne ot, ne sent, ne veit par nature,
De uns enginnurs morteus ki est ovre e faiture?
Par engin est cuntrefait en entaille u peinture;
Semblance est e fausseté, purpens e cuntrevure.
Maufez i sunt k'en la prisun d'enfer gisent obscure.   34d
600 Li clercs dunt utrage as dit e mal a desm[es]ure
N'est pas desleals, mes sa doctrine veraie est e seure,
E sa vie espir[it]able e seinte e nette e pure,
E Deu, ki fist trestut le mund, e jur e nuit aure.
De lui retenc par amisté ceste moie vesture
605 E ceste croiz u de Jesu est faite la figure.
Ço ke m'aprist ne guerpirai tant cum vie me dure,
Ne flecchirai pur nule mort tant cruele e dure.
Mahom reni k'en enfer trait ki lui sert e honure;
En Jesu croi, Jesu recleim, Jesus me haid e sucure,
610 E ki reapeler me veut, sacez k'en vein labure.
Si feussez gent de sen, de raisun e mesure,
E veritez voi[si]ssez oir, bien fere e dreiture,
A vus ça fust li clers venuz sanz fuie e cuverture.
Mes jo cunus voz crueutez, custusmes e porture:
615 Ne l'eussez plus entendu ke asne harpeure.
Jo de tut ço l'en garni e dis a dreiture;
De voz maus lui recuntai, riote e nureture,
K'enclins avez tuz jurs esté a pecchez e ordure: 35a
A peine ublie ço k'aprent pulein en sa adanture.'

620   **19** Quant il l'unt entendu, grant cri e bruit fait unt.
E fu par aventure au jur quant feste funt
A Febum, deu du solail, ke il aurrunt,
En un curre estant, tenant un rubi rund,

Un[e] image d'or burni u tuit se assemblerunt,
625 Servise e wu anvel custumel soudrunt.
E dient k'au temple santz demure irrunt,
Auban lur enemi la venir ferunt.
Voille u nun, verra k'il sacrefierunt.
Cist l'und ja seisi ki a lur temple vu[n]t.
630 Auban i trainent ki de lui pieté n'unt.
Li uns trait, li uns bute, li uns ses dras desrunt;
Ferent e enpeinnent en face e nes e frunt.
Auban n'est flecchiz, mes simplement respunt:
'Tuit cist ke ci vei, pur nent travaillerunt.
635 Gravele semmez, de glace fates pund;
Ainz purra mer secchir, ruisseu cure vers munt,
Ke Jesu treshublie ki cria tut le mund.
Pur tant cum portereit de fin or un dromund,
Ne pur tuz les hummes ki vivent e murunt,
640 Veisin u parent, ami ne brun ne b[l]und,
Chose ne purrunt ja faire par unt
Diables mais aure k'en enfer sunt parfund.
Mal aient deu [de] pere u fust u ki de metal sunt:
Pere perist e depece, fust art et metal funt.'

645   20 Li princes quant ço veit, ki presentz juge i sist,
K'Auban lur creance e lur loi si despiist,
De quor les hai, de paroles laidist,
Ne ren n'i espleite hom par peine k'em i mist,
Cumande ke batu seit lores sanz respiit.
650 E ceus i acurent, n'a cist ke ne obeist,
De peus e de bastuns u enpeinst u batist.
Fruissent os, char emfle e la pel enpalist,
En plusurs lius du cors li sancs, ki s'espand, ist.
Auban ki tut suefre Jesu ura e dist:
655 'Deu k'Adam furma e ki tant le cheriit
Ke a lui meimes semblable le fist;   35b
Puis par traisun de la saerpent forfist;
Pur lui e sun lignage Deu du ciel tramist
Sun Fiuz, d'u[ne] pucele k'en terre char prist;

655 cheriit] encheriit

660 Force e estabilité me doinst il, cum cist
Ki poisantz est e moi cria e eu cors m'alme mist,
En vus met ma esperance e m'amur e delit
E a vus sacrifice me doins jo, Jesu Crist!'

21 Quant par tant ne poent li felun esploiter,
665 En prisun obscure le cumandent getter,
De chaesnes lié, e tant la demurer
Ke sun voler pousse e flecchir e changer;
Kar plus seut demurance le cors d'um pener
Ke ne fait anguisse ki s'en put tost passer.
670 Mis i fu enchaesnez pur sun cors plus grever
En garde e en destresce a felun gaholer,
K'aie ne rescusse n'i pust aver mester.
Auban en la chartre ne fina Deu urer;
Ço fu sanz lassesce jur e nuit sun mester.
675 Sa penance i meine pur ses maus espurger.
Ne beit mais des bons vins gisantz en sun celer   35c
De riche vaissele a servant butuiller;
N'a mais deliciuses viandes a manger.
Prisun ad obscure pur sale e pur soler,
680 Manicles e buies en liu de buus d'or cler.
A plume ne a cotun ne a pailles d'utre mer,
De soie coiltes pointes n'a mais lit au chucher.
Feim ad e sei e freit au soir e au disner;
Pur lit ad roche bise si dure cum acier.
685 Tut ço suefre Auban de verai e bon quoer;
Mut deit pur sun Seignur sufrir leal chevaler.
Deus ki tut remire nel vout pas ublier;
Les elementz cumande le tort, k'em fait, venger,
E en teu manere cum m'orrez recunter:
690 Une chalur ki pas ne se seet atemprer.
Du solail ki flamboie, ki tant fist chaut e cler,
Flestrisent blez en terre, perisent li verger,
Li bois e li gardin, li praiol e herber;
Ne venta vent si k'i[l] les peust aorer.
695 Foille veisez blanchir, le chaut tendruns usler,
Les grantz paluz secchir e la terre crever,   35d
Oisés e bestes mues baer e pantoiser,

D

Gent ki se despoille e nercir e suer;
As reims murir les flurs fu duel a regarder.
700 Dure li chautz de nuitz sanz rein amesurer,
Nue ne parut ki terre peust umbrer,
N'i pout matinee ne vespre aver mester;
N'a pluie ne rusee au seir n'a l'enjurner.
Neissent maladies e divers encumbrer,
705 Fevres ki funt la gent engaunir e trembler;
Emflent ydropis par beivre e chaut aver.
De musches e vermine ne se pout nul garder.
Dura cist grantz maus tant cruel e tant fer
Despuis ke li feluns tiranz pautoner
710 Out fait Auban lier de chaesnes de fer,
Tenir, laidir e batre e en chartre estuer.
Passé en fu ja dimi an plener.

22 Atant sunt assemblé trestuit li citoiein,
Li prince de la terre, li bailli e gardein,
715 Mandez e sumuns de pais lointein . . .

23 '. . . Ki crucifié fu eu pais de Sulie,   *36a*
Auban est sis disciples, en li creit e se fie.
Autrement ke li maistres sis hom ne murra mie;
Si est droitz k'em Auban en croiz crucifie.'
720 Des Sarrazins s'asentent bien a li grant partie;
Mes un de eus respundi ki ço pas ne ottrie
E dist: 'Auban li engrés par orgoil e envie
Ki noz deus celestiens despersone e defie,
Droiz est ke en terre vif hom l'ensevelie.
725 Cele mort apent a home ki le suen deu renie.'
Le plus de la curt ki l'ot a lui s'asent e plie.
Dist uns paens ki estoit de grant felunie:
'Kar entendez ke raisuns cumande e veut e prie.
Plus nuit e greve ke mort, langur e maladie.
730 Ne voudroie ke Auban oncore perdist la vie.
Li oil crevé li soient, eit la vue perie;
Orb est de quor e avoglez, ço mustre e signifie;

Ja nul ne voie, mes autres lui e pour eit e die:
"Ki par autres est garniz, cist beu se chastie."
735 Enchacez seit ke mais de li ne seit nuvele oie; 36b
Celui sive ki doctrine tant prise e maistrie!'

24 Li prince e la commune ne l'unt pas otrié,
Ne li parent Auban ki iluec sunt assemblé,
Ne cist de la cité, li veillard e esné;
740 Kar Auban ert gentilz e bien enparenté.
Sulum la lei de Rumme, hom k'a mort est jugé
Ki est commun enemi, mes n'est leres pruvé,
E seit de parage e gentilz e bien né,
Custumme est e dreiture ke il seit decolé.
745 A ceste mort est Auban e livrez e damnez.
Cele sentence unt jovre e viel confermé.
Li grant e li petit bien sunt de ço paé
E autres jugementz unt desdit e fausé.
Lors l'unt de rechief de chaesnes lié,
750 Hors de la cité l'unt trait ja e mené.
Tant lui suit grant pueple k'a pou n'est voidé
Li temples e citez u urent ainz estez.
Dient en reschisnant ki l'unt trait e buté:
"Va t'en, his, enemi nus deus, de la cité. 36c
755 Ke tu as deservi, luer tei est apresté.
Tu murras santz delai, tu muras, maluré!'
Tiré l'unt e saché, batu e laidangé,
E cist mot ne sune, mes les ad encliné;
Jesu ure, pur nus ki en croiz fu pené.
760 La presse ert grant du pueple ki la fu auné
Pur ver le gugement au queu chief fust mené;
Curent e poinnent a cheval e a pé.
Li uns les autres passent, enviz u a bon gré;
Estroit lur fu le champ e le chemin ferré.
765 A une ewe venent grant e parfund sanz gué;
Ne batel ne nief a passer unt truvé.
Un pund i unt truvé u sunt li uns passé;
Nus ne remaint, mes de passer s'est chescun eforcé.
Li pountz estoit estroitz, de pople i out plenté;

770 A grant estrif i passent e nun a volenté.
Mes li jovre volentrifs de force e poesté
L'ewe passent a nou ki parfund fu e lé.
Mes plusurs i perisent, dunt fu grant duel mené:
Li uns du pund en l'ewe ki en sunt trebuché,
775 E autres ki au noer se mistrent, sunt neé.
Auban ki ço regarde marriz est e grevé;
A genoilluns s'est mis e gent de pieté.
Le quor e le visage vers le ciel ad drescé
E dist: 'Beu Sire Deus ki as le mund furmé,
780 Ki en avisiun vi estre en croiz posé,
Pur tue franchise e debonnereté,
Fai l'ewe descrestre par quei sunt travaillé
Cist ki ver desirent ço ke m'est aturné!'
Deu ki tut guverne regnant en majesté,
785 Ki de tut prent cure quancke il ad crié,
Hautement soudee ki de lui est privé;
La requeste Auban ducement ad granté.

25 Les oraisuns e lermes de vertu sunt tant   36d
K'Auban a Deu presente a devociun grant,
790 Ke l'ewe ki ert parfunde e raedde a flot briant,
Retraite e[n] sun chanel, va si apetizant
Ke n'i fust nus a flote, ne batel ne chalant;
E u avant passer ne pout hom nouant,
A secches plantes passent nis li petit enfant.
795 Li mort ki noiez furent se drescent en seant;
De mort resuscitez, vifs levent e juant,
Legers, enters e seins cum geu ussent dormant.
Mut en sunt esbaiz li paien mescreant.
Uns chevalers gentilz ki ala trainant
800 Auban a martire au puier le pendant,
Ki Aracle avoit nun, e cist out le cumant
De decoler Auban receu du tirant,
Quant veit le miracle Jesu tesmoniant,
E les resuscitez ki venent Deu louant,
805 Au sabelun u nuls unc hom ala avant,

770 nun] nul

Chiet as piez Auban, si engette sun brant
E dist en haute voiz, les Sarrazins ouant:
'Cist est Deus poestifs dunt Auban va prechant;
N'est autre si il nun, cist est li tutpoissant!
810 Despendu e perdu ai trestut mun viant,
Ke ceu Deu n'ai servi; mes ore nepurquant,
Mes ke a tart, deveng sis hom e sis sergant.
Hai! Jesu debonaire, k'Auban va tant prisant,
De trestutz mes pecchez, Sire, pardun demant;
815 A vus m'alme e mun cors abandun e cumant.
Ta vertu prove l'ewe a toi obeissant,
E ço ke hem desdit, purvers recumbatant,
Tesmoine le element ke a toi est attendant.
Hem a ki Deus dune raisun a sun semblant,
820 E tei tuz jurs apele, k'alez vus demurant?
Kar guerpissez Mahom! guerpissez Tervagant!
E reclamez Jesu le verai Deu vivant!'
Atant regarde Auban a piteus semblant
E dist: 'Proiez pur moi Jesu eu ciel regnant!'   37*a*
825 Es le vus seisi e pris de meintenant.
K'avant urent ire, ore la vunt il dublant,
Fremissent cum liuns ki vu[n]t proie sivant.
Uns paens haut s'escrie, une mace portant:
'Tu mentz apertement, vassal failli puant!
830 Mar unc le deis, mar l'alas cuntruvant.
Mes jo sai l'achesun, jo en ere voir disant:
Li solailz ke aurum, ki chautz est e raant,
La huntage de lui veit k'alum vengant;
Le flot ad tut secchi ki nus fu desturbant.
835 Ki autrement le dit, fableur est mentant,
E a ço pruver sui prest ploier le gant.'
Atant le fert du poin e du bastun pesant,
Les denz lui fait voler des genzives devant;
Du niés e de la buche li sancs ist e espant.
840 Derochent e debatent du cors le remenant,
Brisent braz e gambes par lui li trespassant;
Li nierf li sunt rumpu e tut le cors doillant,   37*b*

828 Uns] U uns

La char noire e emflee e tut le vis senglant;
Ne remeint sein ne entier eu cors ne tant ne quant;
845 A peine chaut remeint li quors eu piz batant.
Des pez le defulent chevaler e sergant;
Pur mort le guerpissent eu sabelun gisant.
Charoinne le tenent sanz alme enfreidissant,
A luus u chiens livré e as oisseus volant.

850   **26** Cist ki Auban meinent sunt ja eu mund venu
Ki fu a sun martire divisez e purvu.
De robes sunt trestuit e garniz e vestu,
U de haubercs dublers e de buclers escuz,
E portent gisarmes e grantz cuteus muluz.
855 Mes sul Auban i est le cors e les pez nu,
Entre espines ki va e les cailloz menu,
Urties e charduns k'aspres sunt e agu.
La trovent grant pueple ki les ad atendu,
Ki grant chalur ceu jur e grant sei i unt eu,
860 Au jur ki dunc fu lung ki ne urent beu.
Crient e breent e a terre unt geu;
E li solailz les greve ki plus ert chautz ke feu.
Funtaine ne trovent, rivere ne palu.
Uns mortz, uns malades, autres recreu,
865 Fremissent e crient dolent e irascu,
Maudient Auban e escrient cum lu:
'Par vostre enchantement trestuit sumes perdu.'
Auban les regarde, pité en ad eu;
Des maus ses enemis dolentz est e meu,
870 E en plurant ad dit: 'Beus duz Sire Jesu,
Ki regne en poesté est, serra e fu,
Ki de l'ewe dunas a Moyseus, tun dru,
Quant eu desert tis poples de sei fu cunfundu,
Ore requor ta franchise; demustre ta vertu,
875 Ne suefre ke pur moi seit tis poples perdu!
Ta creature est, tut n'eit tei Deu rekeneu.'
Atant es vus du munt k'est crevez e fendu;
D'une bele funtainne est li roisseus hissu,

37c

37d

849 livré] livrer

Plus clers ke n'est argentz esmerez e fundu,
880 Ki avau le pendant s'espant e est curu.
Li mescreant en beivent; as meins l'unt receu.
Recunfortez en sunt de l'ewe e sustenu,
Mes ne recunussent ki lur tramist salu;
Au deu du solail en unt graces rendu.

885   **27** Entre eus est ja levez noise e bruit e criz.
Atant s'escrie un paens de Damnedeu maudiz:
'Par enchantement d'Auban e les charmes e diz
Est la nostre creance e poples maubailliz.
K'alez vus demurant, fous, cuardz, failliz?'
890 Atant sache l'espee e avant est sailliz;
Auban saisist e prent cum fait lu la berbiz.
A un arbre ki la fu, a reims bas e petiz,
Les cheveus Auban lie par les f[l]ocuns crespiz.
E cist ne gent, ne grundille, ne de ren n'est flechiz;
895 Le seint esperit reclaime e le Pere e le Fiz.
Li paens l'ad feru du brant ki ert furbiz;   38a
Au coup li fait voler le chef senglant du piz.
Du seint sanc glorius ki du cors est flaschiz,
La croiz k'Auban porta e li tertre est fluriz.
900 La croiz prist e musça uns crestiens gentilz
Ki a celee crut eu seint nun Jesu Cristz.
Des angles est portez eu ciel li esperitz,
Purs e esmirables cum cristals politz,
Raant cum solailz ki flamboie a midiz;
905 Curuné est de curune d'or esmeré requitz,
De jaspes, esmeraudes e safirs eschoisiz.
Des legiuns des angles en est li cha[n]tz oiz.
Auban est ja seur, joius e esbaudiz.
Ne dute mais morteus feluns tirantz hardiz,
910 A bon port arivez, de gueredun saisiz.
A honur l'acoilt Deus of ses desmeine eslitz,
Le regne a recever ke il ad beu meriz.
Mes ki le decola, li las cheitifs peritz,
N'est mie de sun fait lunges esjoitz;   38b
915 Au coup duner li sunt li oil du chief sailliz
E aval sunt chaetz, tut est enobscuritz.

Le jur Auban cumence e li suens est finiz.
Effreez sunt paens de ço e esbaiz.
Le poer Jesu prisent volentris u enviz;
920 Li un en sunt joius e li autre mariz.
Dient entre eus suef: 'N'est droitz k'il seit despiz,
Li Deus Auban pur ki mortz est e escharniz.'

28 Ai! martir gentilz! ki diable vencu as,
Gloire du mund guerpis, ta char ne esparnias,
925 Tun cors a martire pur la lei Deu livras;
Eu ciel ore regnes e tuz jurs regneras,
Ki pur tes enemis curaument Deu prias
Quant l'ewe lur secchis e puis la lur dunas.
Pieté te preinne de nus tuz, pecchurs las;
930 De ceus ki toi honurent n'eit ja part Sathanas!
Ki primers Engletere par martire aurnas,
Pur nus proiez celui k'est verai Messias,   38c
Ki en croiz mort sufri, trahi ja par Judas,
K'il nus ki sa faiture sumes ne perde pas,
935 Mais nus saut; si en dient 'amen!' e haut e bas!

Ci cumence la passiun Seint Aracle

29 Li chevalers Aracle, senglant e debrisé,
Quant ot des miracles ke Jesus out uvré
Pur le martir Auban ki est ja decolé,
Le vis a queuke peine ad vers le ciel drescé,
940 Si en ad umblement Damnedeu mercié.
A genoilz e a cutes ad le tertre munté,
Suvaus le cors Auban kar voer ad desiré.
Li princes k'ert venuz a sun destrer munté
Pur les merveilles ver ke Deus i out ovré.
945 Quant cist veit Aracle ki tant fu maumené,
Par felunie l'at escharni e gabbé.
'Hay!' dist il, 'Aracle, chevaler alosé!
Mar reclamas Jesu, le Deu crucifié,
E Auban ki chief est ja du bu coupé!   38d
950 Va quere tun seinnur, tun maistre e avoué!
Sun chief purras truver a un arbre lié;

Par les cheveus i pent e as reims est nué;
Sur l'erbe ki verdoie, le cors ensenglanté.
Di li k'il garisse tun cors k'est depescé,
955 Tes nerfs ki sunt rumpuz e de tes os sevré.
Cist ne vus deit faillir; a seingnur l'as clamé.
E sun cors gar[de] ben ke ne soit pas emblé
De egles u vulturs, ne de lus devoré.
Fai, cum faire doitz, ke il seit enterré,
960 E en sarcu marbrin ke soit li cors posez.'
E cist li ad respundu a grant humilité:
'De eschars ne gas oir n'ai soing ne volunté.
Ne deussez esjoir, si feusez sené,
Ke par vus est Auban a martire livré;
965 Kar bien le croi de fi e bien sui acerté
Ke eu regne du ciel est martir curuné.   47a
Garir me puet si lui ben vent a volenté;
Plus a fait ui vertu puis k'il fu ajurné.'
Atant of sa mesnee est li princes passé,
970 Mais li francs chevaler Aracle est demuré.
Le chief Auban de l'arbre, u pendi, ad osté;
Au cors ki a tere gut l'ad mis e ajusté.
Es vus grant merveille ke Deus i ad mustré:
Au seint cors tucher le martir honuré
975 Se sent de ses dolurs Aracles tut sané;
Garies sunt ses plaies e sis cors restoré.
Ne fu unc plus delivres jur puis k'il fu né.
Lors ad la sepulture au martir aturné.
Li parent Auban e si ami privé
980 E crestiens plusurs cuvert e celé
Le gentil chevaler Aracle unt aidé.
Le chief unt au cors mis, de dras envolupé;
Posé l'unt en marbrin sarcu e estué.   47b
Si parent pur sa mort grant duel unt demené;
985 Partent s'en atant, e d'iluec sunt alé.
Paen s'aperceivent e en sunt trop iré
Quant unt veu Aracle ke Deus out regardé,
K'il urent cum freit mord guerpi e lessé

975 tut] tun

Eu tertre gisant, as chevaus defulé:
990 Or l'unt veu tut sein, du cors renuvelé,
Delivre e tut legger cum oisel enpenné,
Despuis k'il out le cors lu martir tuché,
Par unt le los Jesu clers est e eshaucé.
Suspris sunt de rancur e de ire envenimé;
995 Dient par envie li las, li maluré:
'Trop i a sun barat par cest pais semmé
Ki par ci passa, cist pelerim lettré.
De nigromancie mut fu endoctriné;
Li crestien en sunt apris e entuscé.
1000 Les ewes funt secchir, flestrir l'erbe du pré,   47c
Les mortz funt vifs parer e les vifs devié,
Coup desturnent de mace e de brant aceré,
E veirs funt tut parer chose k'est fauseté.
E cist de ki batre tuit fuimes alassé,
1005 Charoinne le tenimes, a lus e chens duné;
Ore est seins e ligger cum uns osturs mué,
Tant se est par caractes e par sortz enchanté.
Mes fei ke nus devum Mahum le reduté,
Tut ne li vaudra un esperun roillé.'
1010 Lors l'und de rechief mut plus k'avant pené,
Batu de maçues e a pez defulé,
De pere deroché e leidit e nafré.
Qant il unt acumpli quanke lur vint a gré,
Li uns li ad du brant le chief du bu sevré.
1015 L'alme s'en part; le cors a terre est trebuché,
Si parent e ami l'unt en terre muscé.
Li esperitz, santz fin, regne eu cel esteillé,
Du gueredun seisiz k'il tant ad desiré.
Entre le[s] seintz martirs fluriz e curuné
1020 Of ses eslitz l'acoilt li Deus de majesté,
E en la mesnee Auban est atitlé
Le regne a recever ki ja n'ert terminé.
E li las dolentz ki l'a martirizé,
En la prisun est tut jurs au maufé,
1025 Sanz rançun u rescusse retenu e damné.

990 sein] seint   1011 batu] butu   1020 of] os

Atant s'en sunt partiz; vunt s'en en lur cité.
Bien quident ke tut eient lur voler achevé
Par tant ke destruite i seit crestienté.
Mes ne sevent mie cum Deus l'ad devisé.
1030 Fort est a cunbatre a flot k'est surundé;
Herberge en muntainne ne puet estre celé.
Des citoiens aen ad bien mil u plus numbré,
Des plus honurables, riches e feffé,
Ki tuit se sunt de quor a Deu abaunduné;   47*d*
1035 Ki ne flecchirunt, bien l'unt dit e juré,
Ja tant ne en serrunt requis u turmenté,
Par les grantz miracles dunt il sunt acerté,
Ke Deus deigna mustrer a ses martirs privez,
Auban e Aracle ki s'est acumpainné.

1040   **30** Aracle vit en gloire remenant e estable;
Ne dute mais tirantz, prince, ne cunestable.
Sis nuns est en estoire e escrit remembrable;
Mes de lui ki l'ocist, n'est ja chançun ne fable.
Ai! martir bonurez, kar soiez sucurable
1045 A ceus ki sunt a vus enclins e amiable!
Ki seisiz estes ja du guerdun desirable
E regnerez tuz jurs en joie pardurable,
Proiez pur nus pecchurs le roi esperitable
K'il de l'encumbrer nus gard de diable!
1050 Mes cist ki tant poisant e tant est merciable   46*a*
Nus grante la joie ki par est delitable
Au partir de cest secle ke si est trespassable!

Ci finist la passiun Seint Aracle

Ci cumence la passiun Seint Amphibal

   31 Li martires de Auban fait est e acumpli;
Li poples ki la fu, d'iluec s'en est parti.
1055 Li solailz ja decline e li jurs envespri;
Par la nuit ki survint li airs enobscuri;

1027 ke] ki   1038 a] as

Paens se reposent cuchez e endormi.
Jesus ki n'a mie mis Auban en ubli
De lui en teu manere la gloire descuvri:
1060   Purs estoit li airs e sanz nue seri;
De un feu ki plus ert clers ke solailz de midi,
Un rais ki flamboie, ki du cel descendi,
Sur la tumbe Auban se arestut fichi.
Muntent e desendent chantant e esjoi
1065   Li beus angeres du cel ki desclot e uveri.   46b
Aguetes e pasturs paens en unt garni
Ki mut s'en esmervellent e mut sunt esbai.
Voient apertement li jovre e enchani
Le sepulcre Auban ke tut fu esclarci.
1070   Ben unt paens les angles veu e eschoisi;
Plus furent beus ke rose u ke n'est lis espani;
E teus estoit lur chantz entenduz e oiz:
'Auban, ki pur Jesu en terre mort sufri,
Martirs est glorius curunez e fluri.'
1075   Uns Sarrazins des autres plus sages e hardi
Parole primereins as autres entur li
E lur dist: 'Citoiens, vesin, parent, ami!
Entendez tuit vers moi ke jo vus lou e di.
Grant tens avum les deus sarrazinois sivi;
1080   Si firent noz parentz ki mort sunt e purri,
Ki tuit vunt une part si Deus n'en eit merci,   46c
En la prisun d'enfer ki sunt enseveli.
Si garde ne em pernum, si serrum nus ausi.
Penance demenum ke ne seium peri,
1085   Chescun endroit de soi, ço vus requor e pri,
Tant cum en cest mund vivantz sumes ci.
Querum ceu crestien ki Auban converti,
Qui quist cum esgarez ci ostel e abri;
Ore pert ben k'il ne fu ne truan ne failli.
1090   Sa bunté tesmoinne, ben sumes certz de fi,
Auban si deciples ki saufs est e gari.
Le sen au maistre prove li deciples a ki
En la grant seccheresce li airs obei,

1065 desclot] delclot

La terre ki fruit ne herbe demi an ne rendi,
1095 L'ewe k'il nus sustrait, ki puis du munt sailli,
Feu ki a sa tumbe lut e resplendi;
Li quatre element tuit l'unt beu servi   46d
E du cel li angere joius e esbaudi.
De sun gueredun est hautement seisi
1100 Ke il par martire en terre beu meri.
Les deus ke servi ai, desoremais defi,
K'a humein lignage sunt traitres enemi.
Jovin apertement e danz Phebun reni,
Neptun le marin e Plutun l'ennerci.
1105 Jesu desoremais recleim; en lui me fi.'
E cist communement respunent a un cri:
'E nus dium autel, soium freres uni.
Ne larrum pur pour ja de brant furbi
Ke soium de s'amur desturnez ne flecchi.'
1110 Entrejurez [se] sunt e lur foi unt plevi
Ke il lur emprise ne larrunt pur nulli.
Atant unt droit vers Wales lur chemin acoilli.
La croiz of eus portent u fu le crucifi;   39a
Li sancs Auban i pert aers e endurci.
1115 Mil sunt, mes ke li uns remist, enmaladi,
Ki par aventure de feblesce enpali.
Morteu maladie le quor lui envai;
Eu chemin demura, en sujur atendi,
Iluec geske Amphibal repeira, langui.

1120   **32** Tant vunt li citoien par pais querant
Ke Amphibal unt truvé en Wales prechant,
Grantz vertuz fesant e paens baptizant.
Cist ki la croiz porte l'ad salué avant:
'Amis', dist il, 'Jesus te gard li tut poisant!
1125 Pur lui, pri, soiez ore vers nus atendant.
Tuit fuimes citoiens e riches e menant
De Verolame u herbergez ches Auban fustes, quant
Passastes par Brettainne d'orient venant.
De ço ke est puis avenu, vus ere voirs disant.   39b
1130 Auban feistes guerpir la lei Tervagant
E le baptizas, si tu l'es recordant.

Encusez fustes andui a un cruel tirant.
Auban, ki en fu garniz par un sun bienvoillant,
D'iluec vus cunveia ben devant l'enjurnant.
1135 Sa robe vus duna bruidee d'or lusant,
Vostre croiz retenir de vus avoit le grant.
Auban en l'endemein pris fu de meintanant.
Ben recunust le ovre, ne ren ne fu celant.
Enprisunez fu puis sis mois en un tenant:
1140 Dimi an en la terre ne pluveit tant ne quant,
Dunt damage encurumes, unc a nul jur tant.
Perdirent blez e fruit li gainnur paisant;
Flestri e anentti quancke estoit verdoiant.
Veimes ke par Auban fu cist maus tant durant.
1145 De chartre fu menez, tuz de la curt veant,   39c
Nupez e megres e pales cum penant.
Creumes ke de sa emprise fust ja ben repentant,
Mes raed fu e estable cum fer u aimant;
Veintre ne flecchir nel pout hem vivant.
1150 Asez li ofrimes, jueus, argent, besantz;
Mes il ne prisa tut un esperun vaillant.
A mort estoit jugez e amenez avant
Dehors la cité vers solail levant.
Au passer de un pund u li flotz fu bruant,
1155 Sunt chaeth e peritz chevalers e sergantz.
Quant Auban ad ço veu, s'a dit en suspirant:
'Deus, ki hom furmer deignas a tun semblant,
Cel mal kar restorez!' Es le[s] vus relevant,
E le flot tut secchi, dunt cist vunt Deu loant.
1160 Aracle, un chevaler hardi e empernant
K'Auban lié mena, loing engetta sun brant;
A Jesu s'est duné des dunc en avant.
Ne prisa mais noz deus a valur d'un gant.
Batuz e debrisez e defulé e senglant
1165 Cum mort le lessames au pé du munt gisant.
Veimes aprés ço grant gent de sei laburant;
Par la priere Auban est surse du pendant
Funtainne freide e clere a grant ruissel curant.

1140 en] nen   1146 nupez] hupez

Li uns le disoient, mes faus cuntruvant,
1170 Ke ço fu la vertu du solail raant,
Ke teu solaz nus feseit ki l'alames vengant
De ses enemis lui cuntredisant.
Suz un arbruseu, ki eu munt fu cresant,
Fu Auban decolez, a genoilz Deu urant.
1175 Mes cist ki le feri ne s'en ala vantant;
Li oil li sunt chaet andui du chef errant.
Tantdi seisi sa croiz u si sancs est parant;
Kar plusurs entendimes e ne estoium dutant   39d
Ke Jesu est e cel e terre guvernant,
1180 E Auban of lui cum si leal servant.
La nuit proceinne aprés, un rais du cel lusant
Sur la tumbe Auban resplendi descendant.
Angeres i aparurent a clere voiz chantant:
"Martirs est glorius Auban eu cel regnant."
1185 Nus tut ço veimes ke m'oez recuntant.
Veez ci la croit Auban ke il au muriant
Teinst en sun sanc demeine de sun cors esculant.
Pur ço nus assemblames tuit en un acordant.
Mil sumes par numbre e vus sul demandant,
1190 Mes ke un suls i faut, malade sugurnant,
Pur l'amur Jesu de ki vas sermunant,
Pur ki avum guerpi maisun, muiller, enfant.
Cum funt cist autre tuit, batesme demant;
Clers es e apris l'as en tes livres lisant.
1195 A sauvacium di nus k'est apendant;
Pretz sumes tuit a fere a quor baud e joiant.
De fere santz feintise partut le tuen cumant
Ne larrum pur losenge, ne pur mort manaçant,
Ne pur trespassables richesces promettant.
1200 Gariz est k'en cest mund pur Deu sun sanc espant;
Ki resortist pur mort n'est pas verai amant.'

33 Quant teinte eu sanc Auban la croiz les veit tenir,
Bien set de li l'estoire unt cunté sanz mentir.
Amphibal lors gette de parfund un suspir;

1192 muiller] muillere

1205 De gendre e de lermer ne se puet retenir,
E dist: 'Croiz gloriuse! Croiz ki tant desir!
Croiz plus desirable k'esmeraude u safir!
Croiz tant gloriuse, quant jo te remir,
Bien me deit d'Auban, le gentil, suvenir
1210 Ki par lui trespassant me deingnat acuillir,
E a si grant honur en sun palois tenir; 40a
Tant deboneirement e amer e cherir,
De sa robe e[m]bruusdee honurer e vestir,
Pur moi de mes enemis morteus garantir,
1215 M'ensegnement nun pas sulement oir
Mes a mes cumanz tant leument obeir
K'il ne les vout unc enfreindre ne guerpir,
Ne pur lunge prisun fauser ne flecchir,
Ne pur sun cors liv[r]er a torment e murir.
1220 Ore vus requor e pri, ai! glorius martir,
Grantez mei, par ta aie, par martire venir
Au grant gueredun dunt Deu te plut seisir.
Proiez lui, ki te vout sun segrei descuverir
E par avisiun tei a lui cunvertir,
1225 K'il m'ottreit par sa grace ceste vie finir
Par peine e repruver e pur lui mort sufrir,
E par esample de vus, gloire du cel merir, 40b
K'a vostre cumpainnie, dunt tant ai eu desir,
Me doinst Deus ateindre sanz fin u resortir.
1230 E vus, citoiens gentils, a keus plest eschoisir
Jesu, le Fiz Marie, e Mahummet lenquir,
Plest vus dunc amer sanz fauser u trahir
E cum Deu recunustre e leaument servir?'
E cist respunent tuit: 'Oil! sanz repentir!
1235 Ne larrum pur les testes duner au brand ferir,
Pur losengerie, pur duns ne pur blandir.'
Quant les ot Amphibal ço de quor geir,
Un sermun lur ad fait, k'i[l] mut lur plut oir,
De la trinité ke crere sanz faillir
1240 Cuvent a crestien, si il ne veut perir.

1224 E] A

E cist respunent: 'Sire, tut a vostre pleisir.'
Lors les ad baptizé pur la loi acumplir.

34 Tost est a Verolame venue la nuvele 40c
Dunt li princes, espris de ire, art e restencele,
1245 Ki ses hummes e amis e ses privez apele.
'Seignurs', dist il, 'cist maus mut surt e renuvele,
Dunt l'onur des deus suvereins ja besille e chancele,
Par un clergastre avolez ki par terres sautele,
Nupez e depanez, vestuz de viu gunele;
1250 Mes plus set d'enchantement, d'art e de favele
Ke ne set de tanailles fevre ki martele.
De Marie va prechant, une simple ancele,
Ki enfanta e nurri Jesu de sa mamele
E aprés l'enfantement remist mere e pucele.
1255 Si Fiz est Deus e hem, ço dit, ço est la lei faiele;
E cist Deus k'en parais fist hom masle e femmele
Pus devint hem e mort sufri en croiz dure e cruele.
La prophecie d'anciens ço conferme e saele,
Mes trufle est e contruvure, fable a rote u viele;
1260 Ne fait plus a creire k'au vent k'en l'air ventele,
Kar cum autres morteus furent andui cist e cele. 40d
Dunt, fei ke dei Palladie e Diene la bele,
Ki prechera desoremais de cele lei nuvele
Acurer frai u enfrundrer de teste u de cervele.
1265 E ceu tafur, si quis deust estre de ci k'a Burdele,
Prendre le frai e fors sacher du ventre la buele.
Kar tant cum vif, e estriu puis bailler pur munter sele,
Jesu ne aurai pur ki ne doins une cenele.
A vus cunsel sur ço demant, ma gent k'estes loiele.'

1270 **35** Sarrazins respunent: 'Ne vus devum celer,
Le deshonur noz deus ne larrum de venger.
Mil citoien nus faillent ki au clerc d'utre mer
Se sunt alié, ço dient messager,
Noz veisins e amis e parentz k'eumes cher.
1275 Mut serra la perte grant sanz restorer
Si nus ne les poum a maisun reamener.
Mais nus i irrum, s'il vus plaist cumander,

E

Par promesse u manace lur quers reapeler,
U par largement tresor abaunduner;   41a
1280 E si trestut ço ne puet aver mester,
Tuz tuerum a glaive sanz nul esparnier.'
E respund li princes: 'Mut me plest cist voler.'
Lors ad mandé sa gent, centeines e miller,
E cumande k'en Wales tuit aillent sanz targer
1285 Ceste grant busoinne sanz delai achever.
E cist s'en vunt cum ost bani e plener,
A penuncel levé, u unt fait aparer
Le solail e la lune k'i[l] lur plut aurer.
Or portent e argent en cofres a sumer
1290 Pur duner, si par el ne poent espleiter.
Ne finent a jurnees tut serré chevaucher,
Si unt le clerc truvé par querre e demander,
Prechant e baptizant, ke ço fu sun mester.
Cist ki les autres guie parole premer,
1295 Si ad dit par grant ire: 'Vassal pautener,
K'alez vus simple gent par barat enganer,
Ki ne se sevent de tes sortz garder?   41b
Mes si veuz estre quites de mort e repruver,
Desdi ke tu dit as par tes gas cuntruver,
1300 Ke peusum of les noz k'i sunt, repairer
Sanz plus aver par vus travail e desturber.
De l'avoir vus en frum mut largement duner.
Si ço nun, par la mort tuz lur cuvent passer;
N'a cist ki decolez ne seit du brand d'acer.
1305 Dunee est la sentence, sacez, sanz returner.'
Li un des crestiens plus ferms e plus enter
Respunt pur Amphibal sanz verité celer,
E dist: 'Mut cunussez petit cest prudeber
A ki tu cumences tant viument a tencer,
1310 K'ami est le Deu verai ki nus plut tuz crier.
Ço purrez vus, espoir, devant vespre espruver
Par aucun langurus garir e restorer.
Vus ne savez mie sa vertu ne poer
Ne ses grantz vertuz e mesure e saver.
1315 "Cist se fert ki ne veit", dit hem en repruver.   41c
Ne place a Jesu ki tut ad a guier

De sun enseignement ke nus puissez sev[r]er
Par duns, ne par turment, ne par mort menacer.
Plus devum pur Jesu murir desirer
1320 K'en cest mund princes curunez regner;
Ço est nostre sentence k'esta sanz ja fauser.
Mais si estre volez of nus parcener
De la joie du ciel dunt quor ne puet penser,
Guerpir vus cuvent Mahum e recever
1325 Batesme of nus pur voz maus espurger.'
Quant ço ouent Sarrazins, n'i out ke curucer.
Lors sachent les espees sanz plus demurer,
De parent u veisin sanz merci aver,
Fiz, frere, nevu, d'ocire e detrencher,
1330 Ki oient une voiz pur eus recunforter:
'Venez, li mien ami, ki ai a soudeer;   41d
Saisiz ja en serrez cum loial chevaler.'
Ço ouent Sarrazins, li glut adverser;
Tant sunt il plus crueus e plus fier,
1335 Ke tut dient ke ço est par sortz au sarmuner;
Tant aprist nigromant kant il ert escoler,
L'eir fait a sun talent rebundir e suner.
Li autre volenters muerent certz de luer;
Premers voisist estre ki est li darrener.
1340 D'une part veissez les uns decoler,
D'autre, esbueler, ocire e desmenbrer,
Abatre e detrencher, as chevaus defuler.
N'est hom ki n'en peust grant pieté aver.
Tant cum li pere au fiz la plaie va bender,
1345 Li frere li curt sure ki le vent esmanker.
De cest[e] cumpainnie, ki tant fist a loer,
Ne failli rundement ke n'i eust mil enter   42a
Ke un sul ki remist malade en un senter.
Tut ço veit Amphibal ki plure e gent de quoer;
1350 Ne puet sanz martire les martirs regarder —
Cist sunt martir de cors, cist de quor, duluser —
Mes a Deu les presente, ki les deigne apeler,
E cist s'en vunt eu ciel sanz fin demurer.

1347 rundement] rundemement

Li angere les cunveient ki haut chantent e cler
1355 'Gloire e loenges', pur joie demener.
Quant paens unt ocis tuz sanz nul passer,
Plus crueus e irez ke n'est urs u sengler,
Senglantz cum liun k'a proie est devurer,
Amphibal unt seisi sanz sei amesurer;
1360 Tut unt retté a lui cest mortel encumbrer.
Les braz li unt lié pur lui plus grever.
Jurent Jovin lur deu, li plus haut k'est sanz per,
Ne se desjunerunt, nis de un disner,   42*b*
Einz ke a Verolame aient fait mener
1365 Le clerc, par unt lur deus mut purrunt paer,
Cum sacrifice eu temple par devant lur auter:
'A la plus cruele mort k'em purra deviser,
Ocire le ferum, pur autres chastier.'

36 Deus, ki ne met pas les suens en ubbliance,
1370 Einz les honure tuz jurs, cherist e avance
Ki lui eiment e en lui unt amur e esperance.
Les cors ki ne estoient de nule cunussance,
Decolez, esbuelez de espee u de lance,
Beus devenent e enters sanz nule demurance.
1375 Les menbres lur sunt restorez, pez e braz sanz faillance;
Li sancs, k'avant les cors out teint, de leit ad ja semblance,
Les cors plus blancs ke de chemise n'est girun ne mance,
Ke cunustre les pout hom sanz faille u dutance,
Queus jovres, queus veuz, queus gentil de nesance,   42*c*
1380 Queus petiz, queus maens, queus grantz de cresance.
Unc plus beus ne estoient jur puis lur enfance.
Li enemi Jesu en unt e envie e pesance,
E si ami ki ço unt veu, ne sunt pas en balance,
Ki en Jesu crei[en]t, ki est la dreite creance.

1385   37 Un autre ad Deus pur ses martirs fait miracle e vertu:
Par sun cumant est du desert un grant lu venu,
E un aigles of lui ki a terre est desendu.
Les cors unt as gentilz martirs gardé e defendu,

1354 angere] angrre   1365 par] part   1384 est] eist

K'il n'unt nis un des cheveuz entamé, ne perdu;
1390 L'egle oiseus enchace e les bestes li lu.
Teu merveille en terre ne fu unc mais veu,
Ke li lu du bois, ne saul ne peu,
E li aigles raveinner ki sunt ja devenu
Gardeins de morticine par la force Jesu.
1395 Quant cist de la terre la merveille unt veu,   42*d*
Les cors unt honuré, reduté e cremu
Ke il avant urent en despit eu.
A Deu en unt graces e mercis rendu
De teu miracle k'en lur terre lur est aparu.
1400 Sepulture aturnent, e a chescun sarcu,
En sueires les unt e mis e encusu;
E en escrit unt mis le numbre e retenu
K'en lunge remembrance seit escrit e leu.
Nuef centz e nunante nuef la summe ad cuntenu.

1405   **38** Mut en sunt curucez li Sarrazin cruel,
Plus ke leonesse ki pert sun leuncel.
De cest travail si grant ke unc n'avoient tel
Tut rettent Amphibal le clerc orientel.
Pris l'unt e seisi cum li lu fait aignel;
1410 Les meins li unt lié a crueuté e duel.
Juré unt Mahomet e lur grantz deus de cel: 43*a*
De cheval n'osterunt ne sele ne panel,
Ne dormirunt chucez en lit suz lincel,
Ne mangerunt a table, n'en tente, n'en ostel,
1415 S'averunt a Verolame lur cité naturel,
Vif u mort, mené lur enemi mortel.
A Phebun le durrunt, si en frunt feste anvel,
Sacrifice agreable plus ke buef u torel.
Li paen sunt grant pueple cum sumuns a cenbel
1420 D'envair ost a rei, u cité u chastel.
N'a cist ki n'est muntez palefrei bon e bel,
Chaçur u fort runcin u grant dest[r]er ignel.
Mes sul i est a pé li precheur Amphibel
Sanz chauceure e nuz tut fors d'un mantel.

1392 ke] ki

1425 Devant eus funt cure le gentil juvencel;
Escrient e l'ahuent plus viument k'un chael;
Aler le sumunent de lance e de cutel.   *43b*
Li chemins ferrez, aspre e deshuel,
L'alasse e l'ensenglante des plantes la pel;
1430 Li sancs en curt raant cum ewe de ruissel;
Doillant li sunt li nerf e tut veins li cervel.
Mes quancke il pur Deu suefre plus li est duz ke mel,
Despuis ke a Auban aproce le seint martir nuvel,
Of ki estre desire, k'il ne va querant el.

1435   39 Li languerus ki par chemin suspris de maladie
Remist, ki ses cumpainnuns sivre ne pout mie,
Quant veit Amphibal venir, a haute voiz s'escrie:
'Amphibal, ami Jesu, ki ciel e terre guie,
Pité te preinne de moi ki peris sanz aie!'
1440 La rute des Sarrazins de crier le chastie;
Pur tant ne laist cist ke ses criz ne eshauce e multiplie.
'De Verolame sui', ço dit, 'la cité enrichie,
Ki me sui del tut duné a Jesu fiz Marie,   *43c*
Despuis k'Auban decolé fu a la espee furbie,
1445 Pur ki fere deingna Deus vertuz en ceste vie,
E aprés la mort du cors pur l'alme esclarcie.
Assemblame pur ço gent en une cumpainnie.
Vis nus fu, n'est autre Deu for cist k'en Sulie
En croiz murut pur deliv[r]er nus d'enfernal baillie,
1450 Pur ki Auban haut ma[r]tirs est, quei k'envius die.
Mil fumes d'iluec esmeuz en une cunestablie
Of la croiz k'eu sanc Auban fu teinte e flurie,
Pur aver de vus batesme ki la gent seintifie.
Suspris de langur remis en ceste voie haie;
1455 Le cors m'est feble e anienti, la char pal[e] e flestrie.
Bien croi, si tu requers pur moi, ta priere ert oie.'
Amphibal pieté en ad, vers lui s'enhumilie
E Jesu mut humblement pur lui requert e prie.
Atant es vus s'angoisse tute s'en est partie;
1460 Seins est e tut delivres, dunt cist mut l'enmercie,
E le grant poer Jesu lot e glorifie;   *43d*
Dunt n'a nul des Sarrazins ki ne, voille u nun, die:

'Mut est li Deus as crestiens de grant seignurie
Ki lie k'a pleisir li vent e ki li plest, deslie.'

1465   40 Pres sunt de Verolame, ja veient les mureus,
        E de lur temples e paleis, tureles e kerneus.
        A une pleinne se aresteent ki vertz fu e ueus.
        Iluec se reposent les Sarrazins crueus,
        Deslacent aventailles, heumes e chapeus;
1470   Mes repos n'i avoit entre eus suls Amphibeus.
        Si cors est las, mais sis bons quors tut frois est e nuveus
        De la busoingne Jesu faire cum sis hem leus;
        E dist: 'Gentilz chevalers, par quei estes vus teus
        Ke vus diables enfernaus reclamez pur Deus
1475   Ki a sun semblant fist nus tuz morteus?
        Tant mar fustes nez en cest mund corporeus;
        Trop par estes crueus, durs e desnatureus.
        Mais duz e debonaires est Deus e dreitureus.
        Il tuz vus apele cum pastur ses aigneus.   44a
1480   Les pecchurs repentantz sunt ses especieus;
        De teus en unt grant joie li angre espiriteus.'
        Atant se sunt duné a Deu li plusur de eus,
        Pur Jesu decolez, ki ore regnent es cels.
        Adunc se sunt muntez li uns des juvenceus,
1485   Ki destrers avoient plus fortz e plus igneus,
        E sunt a Verolaime venuz a lur osteus,
        Dire ke est venuz li traitre orienteus
        Ki tant ad gent trahi par ses sermuns desleus.

        41 Quant cist unt la nuvele d'Amphibal oi
1490   Par ki unt perdu Auban lur bon ami
        E lur parent a lui atrait e asoti,
        Mut sunt de grant joie refait e esbaudi,
        Kar hautement ço dient, vengé serunt de li.
        Mais un de eus l'aventure cunta e descuvri
1495   Ke cist pur ki furent tuit sumuns e bani,
        Tant furent en errur entrez e endurci,
        E a Jesu duné ki mort en croiz sufri,
        Pur tut l'or de Damas ne fusent resorti:
        'Nus en fumes irez e dolent e mari

1500 E les detrenchames tuz au brand furbi.'
      Quant cist l'und entendu mut funt grant noise e cri,
      En lermes e grant duel lur joie converti.
      Dist chescun lermant: 'Las! pur quei nasqui?
      Fiz, frere, nevu, ai! tant mar vus vi.
1505 Frarins sumes e suls e tuz enorfani.
      Eu desert gisez cum charoinne guerpi;
      N'estes en sarcuz posez ne enseveli.
      Oisel te devurent e lu ensauvagi.
      Tant mar reclamas le Deu k'en croiz pendi!
1510 Cist nigromanciens ki ja passa par ci
      Par ses enchauntement[z] ces grantz maus nus basti.
      Chers deus celestiens, ki tant avum servi,
      Pernez ent vengance de ceu tafur failli!'
      Pleurent e weimentent li jovre e enveilli;   44*b*
1515 Lur cheveus decirent, lur dras unt derami;
      Maudient Amphibal le precheur, par ki
      Tant sunt de lur parentz destruit e maubailli.
      Mais quant la gent paene lur gref pleinte entendi,
      Dient: 'Esmesurez vus, kar n'est pas si
1520 Cum vus le quidez, beus duz amis cheri.
      Kar ne sunt pas, sacez, ne perdu ne peri;
      A honur sunt e gloire eu ciel acoilli.
      Puis ke les eumes truvez e eschoisi
      E une part par eus tuz severez e parti,
1525 Mut furent manacez, deproiez e blandi.
      N'eussum un de eus flecchi pur un val d'or empli;
      Dunc les oceismes sanz pieté e merci.
      Mais chescun de eus de murir avant se purofri;
      Pesa al darreinner k'il tant fu esparni.
1530 Veisez ke le pere le fiz au quor feri,
      Tant k'as plaies bender li freres main tendi.
      Li sancs cum un roiseus es plainnes se espaundi.
      Atant de Jesu la gloire resplendi;
      Une voiz oismes, chescun ben l'entendi:
1535 "Venez, mi chevaler, ki bien m'avez servi,
      Desore of moi serrez en parais fluri.   ·
      Pur turmentz corporeus ki ja sunt acumpli,
      Le regne averez du ciel ki jamais n'ert fini."

Nus en estoium e liez e esjoi
1540 Ke Deus n'avoit mie mis les noz e[n] ubli.
Gurent par ces champs defulez e guerpi;
N'i peust hem cunustre privé ne estrangi.
Jesus les restora, bien soiez certz de fi,
Cum si il geusent tuz vifs, enters, seins e gari;
1545 Li sancs k'avant les teint, plus ke laitz emblanchi.
Nus les cuntasmes tuz a cert cunte establi,
E feimes enbrever a arrement nerci;
Mil cors i truvas[mes] mais ke un sul i failli.
As cors garder i vint un grant lu enchani,   44ᶜ
1550 De chens ne d'autres bestes ke nul ne fust blesmi,
E uns aigles ki d'oiseus les cors bien defendi.
Cist k'avant les urent mut despit e hai,
A honur les unt ja en sarcuz acoilli;
Si en devum tuit estre de joie repleni
1555 Ke Deus en ad des noz a sun uoes tant seisi.'

42 Respunent li paen, dient veraiment:
'Mut est cist Jesus de grant enseignement
Ki ceus ki en lui croient de huntage defent.
Li clers ki de lui preche, ki vint de l'orient,
1560 Ne fait pas a despire, cum meint quide e entent.
Si il fust boiseur, ne feist, men escient,
Des cors detrenchez teu mescinement.
Par tant le poum bien saver apertement,
Verai est sanz dutance li suen prechement.'
1565 Quant ot ço li princes ki i estoit present,
Tut est enflambez de ire e mautalent.
Tant par est irascuz, a pou de ire ne fent;
Si a dit, cum losengers ki sun errur defent:
'Cist faus enginneur tant saet d'enchantement
1570 Cum nuls dire purra; nel croi plus ke vent.
Ki bien de lui dira, u a ces mais entent,
Faus pauteners ki nus mentent uvertement,
Fei ke dei Phebun ki en tut le mund resplent,
Il en perdera le cief par jugement.
1575 Plus est fous ke beste ki les ot e i assent.
Mes par Jovin ki guie terre e firmament,

Trop dure cist baratz, trop dure cist turmentz,
Trop nus ad fait damage, trop nus ad toleit gent;
Uncore fra il plus, si il vive lungement.
1580 Cist clers deputeire, damage est k'il ne pent;
Mais plus ne mangera jamais de la dent
Ke il ne cunpere cest ovre cherement.
Jo en prendrai sanz delai si haut vengement
Cum de itel felun traitre prendre apent.'   44*d*
1585 Lores fait crier real cumandement
En la cité e partut u sun poer s'estent
Ke tuz cum il aiment lur vie e tenement
Bien armez le sivent la u il aler tent.
A ceste sumunse nuls ne remaint ne atent.
1590 Tant i a gent, li chemins nes cumprent;
Mut nepurquant se penent d'aler hastivement;
Blasmez fu li darreinner e ki d'aler fu lent.
Li uns de eus s'en vunt par un adrescement
Ki pur tost venir poinnent ignelement.
1595 Amphibal unt truvé ki a sermun entent,
Entur lui crestiens nuveus plus de cent,
K'a Jesu se sunt duné nuvelement.
Mes quant cist le voient, grant ire les esprent;
Lores l'unt seisi e pris e despoillé viument
1600 E le unt turmenté cum diable les aprent.

43 Un peel en terre afichent li paien criminal
E la buele en sachent du ventre Amphibal,
Cum liun ki desire char de cors bestial.
Au peel l'unt ataché a grant turment cural;
1605 Les meins li unt lié d'une resne a cheval;
Nel lessent reposer, ne nul liu prendre estal,
Entur le pel l'enchacent cum a chemin jurnal.
De lances e cuteus e gros bastun poinnal
Ferent, batent e poinnent cist pautener vassal
1610 Ke tut est esculé l'entrail[le] corporal.
Des verges l'unt batu ke li sancs raa aval,
Cum fait de la funtainne li roisseus cursal;
Teinte en a la peitrine, le dos e flaunc costal
Li martirs ki pense du rei esperital

1615 Ki pur ses serfs sauver devint hom mortal,
Lier se lessa cum larrun desloial
A un piler, e batre sun seint cors real;
A curune de espines pur chapel capital,
En croit le pendirent li Giu desloial.   45*a*
1620 'Ai!' dist Amphibal, 'n'est pas cist turment tal
Cum Deus pur moi sufri, n'est de loing paringal.'
Lors se rejoist cum se il n'ust unc mal,
Dunt paien se curucent, li fil Belial;
Ne virent la merveille en cest mund temporal.

1625   **44** Il en sunt plus aegre de li turmenter,
De batre e de rebatre e de cuteus naverer.
Nel volent parocire, mais lungement pener;
Tele est lur ire e lur voler pur ses turmentz dubler,
Pur murir e remurir e lunges duluser.
1630 E cist ne fine de urer e Jesu mercier
K'il le tenc digne pur li teu peines endurer.
A idunc plusurs de eus, ke Deus plust sauver,
A Jesu se rendirent de bon e verai quoer.
Dient a haute voiz, n'unt cure de celer:
1635 'Nus reclamun Jesu ki fist e terre e mer,
E refusum Mahum sanz jamais returner.
Amphibal! ami Deu ki tut ad a guier,   45*b*
Nus veum ja la gloire ke Deus vus veut duner;
Kar requerez Jesum k'en seum parcener!'
1640 Quant ot ço li princes, n'i out ke curucer;
Cumande sanz delai trestuz ceus decoler.
Li paien les detrenchent tuz au brant d'acer,
Veant Amphibal, ki cumence a precher,
E ceus en la creance Jesu cunfermer:
1645 'Alez', dist il, 'martirs! Alez, leus chevaler,
Al haut rei de gloire, sun regne recever!'
'Hai!' dist un Sarrazin, 'tres cruel pautener,
Tant mar nus as oui fait cest mortel encumbrer.
Tu as a mort livré tant meint prudeber
1650 Ki ne se sevent de tes laçuns garder.
N'estes las ne saul de Jesu langetter,
Deceivre simple gent e par diz enganer.

Tu sul es acheisun de cest grant mal plener.
Mil en avum ja mort ui sanz esparnier
1655 K'au deu crucifié par vostre sermuner   45c
Tuit sunt abanduné, peri sanz recuverer.
Morz es e mauballi, ne purrez eschaper.
Tuit sunt ti enemi ki tu veiz ci ester.
Ore fai ke te dirai, se ferez grant saver:
1660 Desdi ke tu dit as pur la gent enginner,
Reni Jesu ki Giu oserent encroer
E recleim noz grantz deus ki tant sunt de poer.
Tu les as curucé par tun grant nunsaver;
Tu en purras granz ben e honur cunsirer,
1665 Terres e tresor de argent e de or cler.
Pardun purrez aver si tu les voilz proier;
De tes morteus plaies te purrunt mesciner,
E ceus ki par tei ci sunt morz resusciter.'
Respund Amphibal quant l'ad oi parler:
1670 'Entenc', dist il, 'vers moi, paen adverser!
En pecches mut, e menz, quant te oi tes deus priser,
Kar ne vaut lur poisance un butun d'eglenter.
Sul Deu puet les morz a vie reapeler,   45d
E mun cors, si li plest, garir e reestorer.
1675 Diable, ki servez e vus plaist aurer,
Mort sanz parmurir sufrent el puis de enfer.
La est lur mansiun tuz jurs sanz fin aver,
U est grant tenebrur, nuit sanz enjurner,
Feu ki pas ne esteint, verm k'em ne puet tuer.
1680 La cuvendra il trestuz ceus demurer
En cest mund ki obeissent a lur mauvois voler;
Parjure e mescreant, desdeingnant Deu amer,
Avoutre e homicide, li felun guerroier,
Of lur deus lur apent en enfer sujurner.
1685 La te cuvendra of les dampnez aler,
Si tu ne guerpis tes deus sanz demurer
E Jesu [ne] reclaimes ki prest est tuz sauver.
Tant cum il lui plest espace otroier,
Retraire te cuvent e par tens cumencer;

1658 tu] te   1687 reclaimes] reclamer

1690 Kar la franchise Deu ne puet nuls parcunter:
Les pecchurs repentanz acoilt sanz reprover;   48*a*
Les braz ad estenduz tuz tens pur embracer.
Par batesme te lou tes pecchez espurger:
Ço est la porte par unt cuvent eu cel entrer,
1695 Ço fait hom renaistre e tut renuveler;
E vus lou par tens de vus purvoier
Ke ne soiez del tut peri par trop targer.'

45 Ço oient Sarrazin ki estoient envirun;
Fremissent e flamboient cum saerpent u dragun.
1700 Lors tuit i acurent a un voler commun;
De peres l'agraventent, de zuche e de perrun.
Le cors brisent e batent de mace e de bastun,
Ke tut est debrisé du frund gesc'au talun.
E cist, cum il estoit en mortel passiun,
1705 Vers lu ciel regarde e fait sa oraisun.
Al destre sun pere veit ester Jesun,
Des angles entur li une grant legiun.
Regarde e veit entré Auban sun cumpainnun:
'Ai!' dist il, 'martir, ai! gentil barun,
1710 Regardez mo[i] ki sui en tel mortel prisun.   48*b*
Jo n'ai esperance fors en Deu e vus nun.
Requerez Deu k'il mei par sa redempciun
Part doinst of vus lamund en cele regiun
U est vie sanz mort, pais sanz cuntenciun;
1715 E m'enveit de angeres consolaciun
Ke ne me flecchissent cist mescreant felun,
Ne part ne eient de moi fiz de perdiciun
Ke se peinent de mettre mei a confusiun
Par [mei] abanduner a l'enfernal Mahun.'
1720 Atant es vus deus angeres ki de lur mansiun
Desendent, k'erent plus blancs ke cheinsil ne cotun,
U quant se espanist lis en sa saisun.
Ces i enveit Deus a sun loial champiun,
Lui recunforter en tribulaciun.
1725 Une voiz ki reahaite mut sa entunciun
Ot: 'Ui receverez pur tun travail guerdun.
Of Auban tun deisciple seisi serras du dun

Ki garde n'a de fu, de verm, ne de larrun.'
De la voiz se effreent li Sarrazin glutun;   48*c*
1730 Lors le delapident trestuit a bandun,
Navrent e defulent a chevaus de randun.
L'alme atant s'en ist de sa charnel maisun;
Angeres eu ciel la portent a grant processiun.

46 Atant surt une noise e un estrif mut grant
1735 E s'entrecunbatent li paien mescreant.
Kar cist ki quis l'avoient e truvé prechant,
E reamené de Wales, juré eurent avant
Par lur deus Phebum, Mahum e Tervagant,
K'il tuit amerroient le clerc mort u vivant
1740 A Verolaime lur cité, e la, lur gent veant,
Pené l'ociroient: tel fu lur cuvenant.
Mes li prince feluns, ki les vint encuntrant,
Ne vout tant atendre, tant par fu ardant.
E si le purvit dunc Deus li tut poisant
1745 Ke tuit fussent parjure li traitre senglant,
Ne lur voler feisent cist pautener tirant.
Lores cumence li bruit e un estur pesant;   48*d*
De maces e cuteus e de lance e de brant
Ferent, nafrent e traient. Atant
1750 Un crestien le cors au martir vaillant
Sustrait, ke Sarrazin ne erent apercevant,
Si fu la presse grant e mortel nepurquant;
Puis mist le cors en terre, en sarcu avenant,
E ses cumpainnuns martirs k'erent obeisant
1755 A la lei crestiene dunt li clers fu prechant.
Les cors ad enterré suz bleste verdoiant
Ke ne les devurassent bestes n'oisel volant.
Deus li rende l'onur, ki fist solail raant!
Les martirs sunt en gloire el regne permenant,
1760 E li paen felun el fu d'enfer puant,
S'il ne estoient el siecle puis verai repentant.
Martir glorius! jo vus quoer e demant
Ke vus ceus k'en cest mund vus sunt honurant,
Servant e ami e vostre bienvoillant,

1765 Soiez cuntre diable lur escu e guarant, 49*a*
Ke sauf soium; si en dient 'amen!' veil e enfant.

47 Grant fu la bataille, meint en i out blescé,
Meint mort e defulé, maubailli e nafré.
Deus prent de eus vengance, k'il tant unt guerroié.
1770 Un[e] des grantz merveilles ki unc fust recunté
Fist Deus pur Amphibal sun martir alosé:
N'i out ki l'ust mesdit u mesfait de gré,
Ke il ne fust du cors cuntrait, defiguré
De visage u de braz u de main u de pé,
1775 Deevé u avoglé u mort u mahainné;
Ki avant fu chevaler preuz e alosé,
Ore est un cuntraitz u purpris de maufé.
Lur menbres sunt destuers, desjointz e esluissé,
Les buches traversent, li oil sunt reversé,
1780 Les langes lur ardent, li doi sunt replié.
De la cité li princes tost s'en est aragé.
Apris unt, n'a mester a nul de mere né
En terre guerroier le rei de majesté; 49*b*
Ne se pout nul vanter ki iluec eust esté
1785 Ke sanz grant vengement le eust deshonuré,
E ses martirs gentilz k'il unt a mort livré.
Tost s'espaunt la nuvele par trestut le regné;
Ne puet mais le poer Jesu estre celé.
Cist k'en oient parler, a l'oil l'unt esgardé;
1790 Trestuit a une voiz en unt Deu mercié,
A Jesu se rendent tuit cist de la cité,
Lur temples e auters a lui abaunduné,
Lur deus, mais diables, de mailz unt depecé;
Mut en sunt repentant k'il les unt tant amé.
1795 Pleinent lur ancesurs ki sunt ja devié,
Qui tant les unt servi; hai! tant sunt maluré,
Kar ore sunt en enfer a tutdis damné.
La croiz Jesu aurent a grant humilité,
E lui tuit aurent k'en croiz murut pené
1800 E nus reinst par sa mort d'enfernal poesté.
Bien unt ja recunu sa haute deité, 49*c*
E ke de Virgne prist en terre humanité.

Cist est sires de terre e du cel estoillé;
Bien geisent ke il a dreitureument uvré.
1805 Baptizer se funt tuit el nun de trinité,
Guerpissent lur errurs e maus e vanité,
Pernent confessiun de folie e pecché,
Penance demeinent, e sunt a Rumme alé,
De la lei crestiene pur estre endoctriné,
1810 Mustrer a l'apostoille tute la verité,
Cum Deus par sa vertu les a revisité.

Ci parole cist Sarrazins cunvers ki estoit presenz a tutes cestes aven-
tures e tut mist en escrit, ke puis fu translaté en latin e aprés ço fu
translaté de latin en rumantz.

48 Jo ki a ceu tens estoie mescreant Sarrazin   49*d*
De ceste estoire vi le cumençail e fin
Despuis ke Auban reçut en sun palois perrin
1815 Sun oste Amphibal, trespassant pelerin,
Gesk'a tant k'il furent mis en sarcu marbrin;
Of les paens estoie de la loi Apolin,
Pallaide e Diene e Phebun e Jovin,
Ki sunt dampné diable en enfer susterin;
1820 Mes le honur Jesu crest e cist vunt en declin.
La geste ai, cum la vi, escrit en parchemin.
Uncore vendra le jur, ben le di e devin,
La estoire ert translatee en franceis e latin.
Ne sai autre language fors le mien barbarin,
1825 Mais fei ke doi porter lui ki fist d'ewe vin,
Ne i deise fauseté pur tut l'or Costentin.
A Jesu me sui rendu cum mi veisin.
Desore penant deveng e preng burdun fresnin,   50*a*
Nupez sanz chauceure de cordewon caprin,
1830 Pur esclavine eschaung mun peliçun d'ermin.
Ne dormirai au vespre u jo lief au matin,
Si la k'en nief me mette au procein port marin.
Passerai Mungiu le roiste munt alpin,
Vers Rumme la cité tendrai droit le chemin,

1803 *est sire*] est sires

1835 As Romeins nuncier, le pueple cesarin,
      Kancke ai veu e oi, jo peccheres orphanin,
      En l'eille ke cunquist Brutus e Cornelin.
      Pur Auban ki l'ad teinte premers de sanc rosin,
      Ki pur Deu decolé fu du brand acerin,
1840 Musterai i mun livre escrit en veeslin.
      Tesmoin averai of moi mein[t] veillart e meschin.
      Jo ne me os numer pur paiens depuslin
      Mes pecchur cupable, dolent, povre e frarin.
      Batesme i requorai de quor verai e fin;
1845 A Jesu me abaundun, serf loial, enterrin,
      E la estoire de Auban ci finis e termin.

Ci finist li rumantz de l'estoire de Seint Auban le premer martir de Engletere e de Seint Amphibal e de ses cumpainnuns.

F

Amphibal cum clerc lettrez   *29c*
Cunte a Auban cum Deu fu nez;
En croiz fu mis; pus releva;
4   A la fin nus tuz jugera.

Auban l'ot, mes pas nel creit,   *29d*
Ço k'il cunte, ke voir seit.
De lui s'en part par mautalent.
8   La nuit obscure le susprent.

Ci veit Auban en dormant   *30d*
Quancke Amphibal li dit avant.
Li cors dort, mes l'alme veille
12   K'eu ciel veit la grant merveille.

Ci veit Auban par la fenestre   *31a*
De Amphibal trestut sun estre.
Mustrer li veut en bone fei
16   De sun sunge tut le segrei.

Amphibal la croiz aure   *31b*
A genoilluns, suspire e plure;
Ne tresublie, ne dort, ne summe
20   Ke il ne face sa custume.

La recunte Auban sun sunge.   *31c*
Par la croiz veit, n'est pas mençuenge.
Amphibal ne li cele mie
24   L'avisiun ke signifie.

Auban est ja baptizé   *31d*
Eu nun de la trinité.
Amphibal tut lui aprent
28   Kancke a sauvaciun apent.

Uns Sarrazins ki s'apaerceit   32a
Tuz lur diz ot e lur faitz veit.
Ne larra k'il ne descuovre
32 A un prince trestut cest ovre,
K'Auban ad la lei paene
Guerpi pur la crestiene.
De cest Sarrazin culvert
36 Est encusez e descuvert.

A sun palois einz jur returne   33a
Auban, plurant, dolent e murne.
Amphibal cum pelerin
40 Vers Wales tent droit le chemin.

Amphibal ki en est garniz   33b
De la cité s'en est partiz.
Auban le cunveit ki plure;
44 La croiz retent, rent sa vesture.

Auban truevent Sarrasin   33c
Nuz piez e a la croiz enclin.
Pris l'unt; n'a cist de la rute
48 Ki nel traie, u fere, u bute.

Auban, li nuveus crestiens,   34b
De ces pauteners paiens
Est trait nuz pez par la chaucee
52 Au temple u gent fu aunee.

Auban, par commun cunseil,   34c
Au temple le deu du solail
Est trait, ke il lur deu aure;
56 Mes Auban de ço n'a cure.

Ne puet li prince Auban flecchir   34d
Par manacer e par blandir,
K'il Jesu a clere voiz
60 Ne cleime, ki murut en croiz.

60 en] in

Pur Deu suevre ci Auban   35*b*
Huntage, anguisse e hahan,
Ki de ces pauteners glutuns
64 Est batuz de peus e bastuns.

Mis est Auban en prisun ja.   35*c*
Sis mois e plus i demura.
Tant cum il fu en la prisun,
68 Ne plut en ceste regiun.

La gent murt par la destresce   35*d*
Ki vent de la seccheresce;
Flestrist foille e herbe en terre.
72 Ne sevent queu cunseil creire.

La presse est grant de ceste turbe.   36*a*
L'un de passer l'autre desturbe.
Du pund cheent, neient en l'unde,
76 Kar mut par fu raedde e parfunde.

Ço veit Auban, de pité plure   36*b*
E pur ses enemis Deu ure.
Jesus sa uraisun bien ot:
80 Li mort levent, secchit li flot.

Quant veit li chevalers Aracle   37*a*
De Deu les vertuz e miracle,
Sa espee engette, e chiet a terre
84 As piez Auban pardun requere.

Pris est Aracle e defulez,   37*b*
Debatuz e delapidez.
Senglantz remaint, ate[i]ntz e mat;
88 A peine eu cors li quers li bat.

'Deus', dit Auban, 'de ki costé   37*c*
Vi sanc issir d'ewe medlé,
Cumandez ke une funtaine
92 Surde de ceste muntainne.'

Funtainne surt de ewe vive. 37*d*
De l'ewe beivre chescuns estrive;
Mes li purvers fiz de diable
96 N'en sunt pas a Deu reddevable.

Ci decole un gluz depulin 38*a* and 38*b*
Auban du brant acerin.
Nuit cumence au Sarrazin;
100 Au martir, clarté sanz fin.
L'un tent vers ciel, l'autre en declin;
Au vespre est l'un, l'autre au matin.
Un crestien ki est veisin
104 La croiz prent, teinte eu sanc rosin.

Li princes k'Aracle truva 38*c*
Mut l'escharni, e dit li a:
'Recleim tun maistre Auban uncore,
108 Di li k'il tun cors restore!'

Aracle gent e suspire 38*d*
E dist: 'N'avez de gas matire.
Ki a autres ad ui valu
112 Me puet, s'il veut, rendre salu.'

Le cors Auban en sepulture 47*a*
Met Aracle a entente e cure.
Au cors lu martir tucher
116 Se sent leger, sein e enter.

Li ami Auban e parent, 47*b*
E franc crestien ensement
Ki ne se descue[v]rent mie,
120 Au chevaler sunt en aie.

Dient paen par envie 47*d*
Ke tut est par nigromancie
Ke le cors Aracle est si sané.
124 Lores l'unt de rechief turmenté.

124 turmenté] turmette

Navré unt e defulé,   46a
Batu e delapidé
Aracle, le chevaler franc,
128   Ki baptizez est en sun sanc.
A chef de tur uns le decole;
L'alme s'en part, k'eu ciel vole.
Les martirs vivent en gloire;
132   Ne murra jamais de eus memoire.

La nuit aprés parut en l'eir   46c and 46d
Uns rais du ciel plus cler ke escleir,
E la clarté ki tant resplent
136   Sur la tumbe Auban desent.
Pastors, guetes, paens esveillent
Ki de ço mut s'esmerveillent.

Assemblé sunt mil citeein.   39a and 39b
140   Dient: 'Querum ceu crestien
K'Auban converti.' Atant
Vers Wales le vunt querant.
Pur enseingnes unt portee
144   La croiz Auban ensenglantee.
Li uns de eus, suspris de maladie,
Par chemin ne les siut mie.

Li citoien de Verolame   40a and 40b
148   Amphibal querent par sa fame.
En Wales le trovent prechant
E la Sarrazins baptizant.
D'Auban li cuntent la estoire;
152   Enseingnes mustrent e[n] memoire:
La croiz u li sancs parut;
E cist la croiz bien recunut.

Li princes quant s'aperceit   40c and 40d
156   Sa gent en Wales enveit,
E Amphibal en grefs liens,
Ovokes tuz ses crestiens,
U remener u tuz ocire

160 Cumande, a duel e a martire.
E cist s'en vunt, d'armes garni
E muntez cum ost bani.

Amphibal unt cist truvé   41*a* and 41*b*
164 E lur veisins ja baptizé.
Une part les unt severé
E mut les unt amonesté
K'il n'oient mais l'enchanteur
168 Ki les ad mis en tel errur.
Mes ne poent esploiter
Par promettre u manacer.

Ne esparnient cist d'ocire   41*c*
172 A duel, a glaive e a martire,
Ceus ki a Jesu sunt enclins,
Amis, parentz e vesins.

Cist de ceste cumpainnie   41*d*
176 Ne cheut pas s'em les ocie;
Ne par fu pas ocise e morte,
Ke Jesu ne les recunforte.

K'avant furent tut detrenchez   42*a* and 42*b*
180 Tut senglantz e defulez,
Cunussance est de eus veraie:
Ne pert en eus ne coup ne plaie.
Un lu, un aegle i sunt venuz
184 Ki les cors unt defenduz;
Li lus, de bestes; l'egle, d'oiseus.
Cist miracle estoit nuveus.

Quant li poples du pais   42*c* and 42*d*
188 La merveille unt veu des ocis,
As bestes mues unt apris
Servir le rei de parais.
Sarcuz unt a plenté quis,
192 Les cors i unt a honur mis;
Kar ne sunt dutantz ne esquis
K'il ne regnent eu cel tutdis.

Li paen Amphibal remeinent,   43*a* and 43*b*
196   Ki mut l'angoisent e peinent;
Kar devant eus curt nuz pez,
E cist sunt as dest[r]ers muntez.
N'a cist ki aler nel summoinne,
200   De glaive u de cutel [nel] poinne.
Li langurus venir le veit;
Cum il requert, saunté receit.

A trois liues de la cité   43*c* and 43*d*
204   Se sunt li paen reposé.
Li martirs ne dort, ne sumneile,
Le sermun Deu k'il n'esparpeile.
A la cité sunt uns venuz
208   Dire ke en est avenuz.
Li citoien de l'aventure,
Certz, funt duel a desmesure.

Peine ad cuntruvé nuvele   45*a* and 45*b*
212   Ki du ventre la buele
Au martir, a une estache
En terre fichie, atache.
Le pel li funt enviruner
216   E la entraille si esculer.
Ne lessa par teu turment sufrir
Par sermun paens convertir.

Des crestiens crest ja le numbre   48*a* and 48*b*
220   Ki ne puet tapir en umbre,
Si k'entre les crestiens
E les adversers paens
Est ja surse e cumencee
224   Aprés tençun, morteu medlee.
Le cors au martir defulé
Endementers lur est emblé.

Le cors k'il cointement sustrait,   48*c* and 48*d*
228   Li crestiens enterrer fait.
Gent crestiene multiplie

K'a l'enterrer sunt en aie.
Le martir of sa cumpainnie
232 Ne laist ke n'ensevelie.
Ne vint a Verolame a l'hure:
La gent paene en est parjure.

Li homicide e li parjure   49*a* and 49*b*
236 Ke Amphibal pener mistrent cure
E a Jesu mesdire e nuire,
Deus les cuntrait e defigure.
N'est ki de mahain ne labure,
240 Frenesie u avogleure.
Li prince s'arage a dreiture;
N'a deu ki l'ait u succure.

Quant sunt venu a Verolame   49*c* and 49*d*
244 De Jesu crest l'onur e fame.
N'i a celui de la rute
Ki espruvé ne l'eit sanz dute
Ke n'a mester a nul mortel
248 Guerroier le Rei du Ciel.
Lur idles unt abatu
E auré la croiz Jesu.

Fei e predicaciun,   50*a* and 50*b*
252 Batesme e confessiun,
Oreisuns e discipline,
De lur pecchez lur sunt mescine;
A Jesu se sunt duné
256 E tuit unt lur errur dampné.
Despuis ad esté Verolame
Sanz mesprisiun e blame.

Vers seinte iglise en Engletere   51*a* and 51*b*
260 Est surse ja nuvele guere.
Mandé sunt pur cel afere
Lous de Trois, Germain de Aucere.
Au sene est purveu a veire

230 enterrer] entererer

264 K'il se mettent laundroit en l'eire,
La gent asenser demaleire
De Deu amer e a droit creire.

A Paris sunt atant venuz   52*a* and 52*b*
268 U sunt a honur receuz.
Une pucele i unt truvee,
Genovefe de Paris [nee.]
Ele ot de ces seinz parler
272 K'en purpos sunt de mer passer.
A seint Germein est venue;
Chasteté devant lui [vue.]

[La mein li prent] ducement;   52*c* and 52*d*
276 Sun purpois prise ke ele enprent.
Un dener au col li pent
De metal ki cler resplent.
['Garde ben ke] ne enpreinnes,
280 Ne vu facez ke tu enfreinnes;
Ke tuz jurs en cest purpos meinnes,
De moi portez ces[tes enseingnes.]'

Quant seint Germain de li s'en part,   53*a* and 53*b*
284 Mut prie Deus ke il la gart.
Port enquert, tent cele part;
K'il seit passé, li semble tart.
Tost aprés, a terme bref
288 Se mettent li eveske en nef.
Of bon vent curent a plein tref
Tant k'a port venent sanz gref.

Arivent, en Brettainne venent.   53*c* and 53*d*
292 A Londres vunt, u cuncil tenent,
U fu cuntre eus mandee
De eveskes grant assemblee.
La fu lur assen conmun
296 Ke la grant desputeisun
Serroit tenue a Verolame.
Par le pais s'espant la fame.

A Verolame sunt venuz   54*a* and 54*b*
300 Li eveske Germains e Louz.
D'Auban enquerent l'estoire
Dunt tant oient vertuz e gloire.
Dist Germains: 'Martire Aubans!
304 Cunfundez Pelagians!
Tute ma cause a vus cumant;
Honur vus frai tut mun vivant.'

Cumandee est pais e silence,   54*c* and 54*d*
308 Ke n'i grundille nus, ne tence.
Li eveskes Germains cumence
Auctoritez de sa sentence.
Concluse est e esbaie
312 Pelagiane cumpainnie,
Ke euvangile e prophecie
Passe lur philosophie.
N'unt auctur ki garantie
316 Lur cuntruvure e lur folie.

Li eveske, ki seinte iglise   55*a* and 55*b*
Unt en bon estat ja mise,
Ke nuls ne croie estrange aprise,
320 Quei ke nuls lur chante u lise,
En lur pais s'en vunt, e gloire
Rendent a Deu de la victoire;
E du martir, dunt unt memoire,
324 Precherunt partut la estoire.

Par guerre e par destrucciun,   55*c* and 55*d*
Estrif e persecuciun,
Par les trespas e les pecchez,
328 Dunt li mundz fu entuschez,
Fu l'onur de seinte iglise
Mut en ubliance mise;
Si k'en grant e meint an
332 En ubli fu mis seint Auban.
Li reis Offes de Engleterre,

323 du] au

Agnés en pais, liun en guerre,
En Brettainne regna tut suls;
336 Ço ne fist devant li nuls.
L'orgoil ses enemis abat
E tent le regne en bon estat,
Cum cist ki ert de bone vie
340 E flur de chevalerie.

Jesu victoire cunsent   *56a* and *56b*
Au roi Offe e a sa gent.
Descunfit s'en vunt li bastard
344 Dunt li rois fait grant assart;
E remeint en l'eritage
Reis of sun naturel barnage;
E meintent dreiture e franchise
348 A ses baruns e seinte iglise.

Li rois dunt jo vus cunt e di   *56c* and *56d*
Cum Deus le vout, sue merci,
Une nuit chuchez dormi.
352 Le firmament vit esclarci;
Un rais du ciel ki resplendi
Plus ke li solailz de midi
Uns angres ki descendi
356 Lui mustra, puis s'en parti.

U li martirs fu decolez   *57a* and *57b*
Fu ja li lius apelez
'Holmhur[s]t', de hus pur ço ke fu
360 Tant espessement encru.
Iloc descendi la luur
Ki fait la nuit resembler jur.
Li reis Offe apertement
364 Veit dunt vent e u descent.

Li reis, quant se esveille, leve   *57c* and *57d*
Matin, quant l'aube se escreve;
Meintenant cele [part] tent

354 ke] ki   361 luur] liuur

368 U la luur du cel descent,
Tant ke le liu of le tresor
Truevent, ki passe argent e or.
Ben semblent ceus ki d'orient
372 Vindrent ja fere lur present.

Li rais du ciel lur est cunduit, 58a
Ki cler resplent e jur e nuit.
Cité k'est en munt asise 58b
376 Ne puet tapir en umbre mise.

Li reis sa gent venir cumande; 58c and 58d
Arceveskes e cuntes mande.
Cist vindrent quant sunt sumuns,
380 Clers e chevalers e baruns.
Li rois l'achaisun de sa voie
Lur cunte, e cist en unt grant joie.
Li rois sanz demurer va
384 Faire ke Deus cumanda.

[Cr]osent de besches e picois; 59a and 59b
Asaartent boisuns e bois;
Enportent zuches e racines;
388 Ostent blestes, ostent espines;
En hotes portent cailloz [e tere.]
Ne finent de cercher e quere;
Querent aval, querent amund.
392 Li reis i est ki les sumunt,
Tant k'est truvez li tresors
E le[s] reliques du seint cors
En[volu]pez k'er[ent de] paille
396 [Ki ne pert n]e culur [ne ta]ille.

Li reis funder fait une iglise 59c and 59d
K'en meimes ceu liu est asise
U li seint martir Auban
400 Pur Deu sufri mort e hahan.
[M]açuns mande e enginnurs

401 [M]açuns] .ancuns

Ki fund les fundementz des murs,
Vousures e pavementz,
404 Pilers, basses e tablementz.

Mut met li reis peine e cure,   60*a* and 60*b*
Chescuns k'en sa ovre labure,
Charpenter, maçun, verrer,
408 Chescun sulum sun mester.
Li uns asset, li autre taille;
Cist coupe, cist bat, cist maille,
Cist de hache, cist de martel,
412 Cist de maillet e de cisel.

Li gentils rois de bone vie,   60*c* and 60*d*
Offes, parfait sa abbeie.
Ben veit ke Deus i cunsent,
416 Ki avance sun cumencement.
Par cunseil de ses privez,
Prelatz sages e ben lettrez,
De moinnes congregaciun
420 E abbé Willegond par nun
Met en sa bone mesun,
E gent de grant religiun.

Dehors Verlame la cité   61*a* and 61*b*
424 Estoit de grant antiquité
Une eglisette fundee,
'Sancta Syon' ki fu numee.
Paens cunvers la firent, l'an
428 Ke decolé fu seint Auban.
En sun honur la firent fere
Ki premer martir ert de Engletere.
La chasse au martir fu la mise
432 Geske faitte eient la grant iglise.

Tierz jur devant la seint Johan   61*c* and 61*d*
Fait hom la feste seint Auban;
Arceweske e suffragan,

410 bat] bap   415 ke] ki

436 Clers e baruns sumuns par ban,
As quartes nones k'en aust venent
De sa truvure feste tenent.
Sun title est propre e demeaine
440 'Le premer martir de Brettaine.'

N'est pas la entente tardive   62*a* and 62*b*
Du rei k'en sa terre arive.
Cuntre li barun e cunte
444 Venent; cheval mande e munte.
Des mu[n]tz e mer k'il ad passé,
Travaillez est e alassé;
Mes nep[urquan]t pur ço n'est pas
448 Du martir Auban servir las.

A seint Auban pur la venue   62*c* and 62*d*
Du roi est feste tenue,
Ki de sun purchaz fait present
452 Al haut auter, veant sa gent.
Ci finist d'Offes la estoire.
Ben est droitz k'il seit en memoire,
Tant gentil roi, teu crestien,
456 L'alme de li saut Deus, amen!

Deus centisme an uittante sist   63*a* and 63*b*
Pus ke Deus char de Virgne prist,
Sufri passiun Auban;
460 Aprés cent seisante terz an
Vint Germein mescreance abatre;
Aprés treis centz quarante quatre
De terre Offe Auban leva,
464 Ki trente neuf ans regna.

455 gentil] geltil

NOTES

1. The first folio of the poem is missing; the text begins with a description of the crucifix carried by St. Amphibal as he enters the city of Verulam.

3. **roal** This word, the Modern French *rohart*, derives from Old Norse *hrosvalr*. It is also found in Old French as *rochal*.

26. **prudeber** Atkinson transcribed this as *prude ber*, taking *prude* as a masculine adjective. The transcription *prudeber* adopted in this edition assumes that it is a nominative formed on *prudebarun* < *pru de barun* (cf. *prodoem* formed as a nominative to *prodome* < *pro d'ome*); it is used also as an oblique in ll. 1308, 1649.

69–72. There is a hole in the manuscript at this point. The conjectured words in brackets are those suggested by Atkinson.

74. **of** For a discussion of this form see Uhlemann, op. cit., p. 571.

90–91. There is another hole in the manuscript; again the conjectured words and letters are those of Atkinson.

94. 'Gold would not be a ransom for you, nor mortal man a shield.'

104. **quor** For this form see Introduction, p. xx.

114 ff. This rather confused sentence would seem to mean: 'There could not be any protection, nor could anyone be of avail to prevent them from being obliged to go yonder to Satan whose counsel they thought fit to heed and in whose dwelling they had to remain for a long time, indeed, until it pleased Him who deigned to create us to bring us out of there through His grace; and it was appropriate that through man's agency the devil who put man in misery should be discomfited and conquered.'

118. **Ci la k'il plut** Gaston Paris, op. cit., p. 388, suggested this correction for Atkinson's *cil a k'il plut*, and pointed out that the same locution occurs in l. 1832 written *si la ke*.

128 ff. The reference is to the Annunciation, Luke 1. 28–35.

134. For the word-order see Introduction, p. xxviii.

138 ff. 'By right it is appropriate that He, who has mastery and control of the world, be born, and that You give birth to him, without harm or loss of maidenhead and without reproach or carnal knowledge of man.'

149. **kaifs** This word, from Latin *cadivus, means 'afflicted with falling-sickness, i.e. epilepsy'; cf. Tobler-Lommatzsch II, 341.

158. **Lungis** The story of the soldier Longinus, who pierced Christ's side with a sword, was blinded and was then cured of the affliction by Christ's blood, was a favourite medieval demonstration of the Lord's infinite capacity to pardon.

165. **Jesu** As Atkinson pointed out, this is the only instance in the text of the nominative without final -*s*. The oblique is usually written *Jesu*, but the Latin accusative is retained in *Jesum* 491 and (in rhyme) *Jesun* 1706.

173. **n'afra** Atkinson took this as *nafra*, preterite of *navrer*. Since *iamais* is not normally used with a past tense (cf. ll. 220, 1538, 1581, 1636), and the line appears to be a reminiscence of Revelations 21. 4, it seems more probable that it is the future of *aver* impersonal; for alternation between *v* and *f*, especially before *r*, cf. *sutive* 392, *sutife* 512; *suevre* 611, *suefre* 654; *navrent* 1731, *nafrent* 1749.

178. **establiz** Only the feminine noun *establie* is attested elsewhere in Old French; the correction *en s'establie* is proposed by Tobler-Lommatzsch III, 1327.

195. **eschantement** This form (elsewhere *enchantement* 333, 425, etc.) and *esceint* 265 for *enceinst* may be examples of the confusion of prefixes which became common in later Anglo-Norman (Pope § 1138); for *esnuié* 375 see Introduction, p. xxii.

236. **autre en travers parmi** Atkinson took this line as referring to the position of Christ between the two thieves, and thought that *autre* was for *autres*; but the reference is to the cross itself, 'another (beam) athwart it in the middle'.

242. **tant es le plus huni** See Introduction, p. xxvii.

244. **Sauf** For the disappearance of etymological -*e* see Introduction, p. xxvi.

250–51. The words are from Luke 23. 46.

258–61. The manuscript has another hole at this point; Atkinson's conjectures have been adopted.

269. **retinc** Atkinson retained the *rentinc* of the manuscript; he hesitated to ascribe it to the verb *retenir* (which elsewhere never has the -*n*-: ll. 535, 604, 1025, etc.) because of the illogical order of *retinc e entendi*. We are inclined to consider it a copying error of the same type as *part unt* 1365 for *par unt*.

278. There is a small hole in this line, but the sense is clear.

279. For the word-order see Introduction, p. xxviii.

317. The reference is to the legend, frequent in Old French bestiaries, that lion cubs are born dead and are only awakened into life by the lamentations of their parents.

320. **E ferm lié Sathan** The construction is illogical: *e . . . lié* carries on from *out . . . delivré* 319, although it does not form part of the relative clause depending on *cumpainun* 318.

355–9. This is one of several variations on the *ubi sunt* theme which occur in Anglo-Norman saints' lives. See the present editor's article in *Romance Notes* (University of North Carolina, Chapel Hill), November 1959.

376, 380, 406. The writer, accustomed to representing *en* within the line by *e* with a titulus (which he sometimes forgets, as in ll. 570, 791, 1540), has omitted the *n* which was necessary after a capital *E*.

415. For the word-order see Introduction, p. xxviii.

423–8. 'An itinerant pilgrim who has deceived him and who comes straight from overseas—he knows more about enchantment than anyone

G

can say—is going around here sermonizing about a strange God whom the Jews hanged once on a cross in Syria.'

457. **sumes** Here and in ll. 867, 1086, 1090 this verb-form, elsewhere written in full *sumes*, is represented by the abbreviation *sum⁹*. As *⁹* elsewhere stands only for *-us*, this is presumably an inadvertent Latinism.

460. **enchani** 'hoary' and so 'old'; cf. *li jovre e enchani* 1068 'young and old'. It is a little curious that the tyrant should be compared to an 'old wolf', but the phrase occurs again in a literal application in l. 1549.

466. **jofnesce** The adjective is *jovre* 746, 771, etc.; cf. note on l. 173 and Trethewey, op. cit., p. 101.

475. 'Provided that he sees you dressed in, and in possession of, it (Alban's robe).'

480. **ofvokes** See note on l. 74.

523. **gorgee** 'outpouring' (of one's feelings, usually in the form of insults); cf. Tobler-Lommatzsch IV, 446–7.

529. **tutz les jurs de mun ee** The use of the word *ee* rhyming in *-ee* seems to have no parallel in Old French except perhaps the first hemistich *Kar il est de mun eed* in Horn 363 (where Miss Pope proposed the correction *de m'eed*). The effacement of the pretonic vowel in *aé, eé* (< *aetatem*) would of course be normal in Anglo-Norman (Pope § 1132); the resulting monosyllable, lacking body and liable to confusion with several other words, must at an early date have become obsolete in speech. This may have permitted the use, as a literary archaism, of a word written *ee* as before, but interpreted as having a final weak *-e*; it is rather curious, however, that in this form it should have retained the masculine gender usual in Old French.

531. **trahit** has the spelling of the past participle of *trahir* (ll. 156, 933, etc.), but the sense and pronunciation of that of *traire* (*trait* 750, 753).

532. **manee**, in rhyme with past participles in *-ee*, shows the Anglo-Norman reduction of the diphthong *ai* in hiatus with weak *-e* in *manaie* (Pope § 1157).

562. **Fauseté se soille . . . au chef de tur** This proverb, not listed by Morawski or Le Roux de Lincy, would appear to be a variation on 'The truth will out'.

563. **ki grant conquesteur De Rumme nez** This clause requires an auxiliary such as *furent* of the following clause to complete the sense.

569–70. 'Discard those clothes! Does not the stench (of them) hurt you? And that cross which you hold, have you not horror of it?'

577–8. 'You are not the last, nor are you the first (to be led away by folly and the deceit of others). There is no one who does not (sometimes) nod, you can (still) retrace your steps.' For the proverb in l. 578, cf. Morawski 1363.

588. **ki en es de la cité la flur** The use of *en* appears to be pleonastic; cf. Tobler-Lommatzsch III, 161.

593. The logical word-order would be '*Queus est plus haut, li creaturs u sue creature?*'

614. **custusmes** Atkinson originally read *custusmes*, which still stands in his glossary; but in the text he printed *cercusmes*, which is confirmed in his Addenda with the gloss 'sarcasm'. Though it is possible to confuse the letters *c* and *t* and the abbreviations for *er* and *us*, there is no trace in Old French of a representative of *sarcasmus*, and the sense of *custusmes* is possible in the context.

615. 'You would no more have listened to him than an ass to harp-playing.' There are numerous instances of this image in medieval litera-ture; it is used principally by poets to describe an unappreciative audience. Cf. Tobler-Lommatzsch IV, 936.

617. **voz maus ... riote e nureture** 'your sins, your disputatious behaviour and your (evil) upbringing'. The normal sense of *nureture* is the neutral one of 'training'; but in this passage, like *custusmes* and *porture* in l. 614, it has a pejorative implication.

619. **adanture** This noun does not seem to be attested elsewhere, but there are parallels in the nouns *donteüre* and *danteüre* and the verbs *adamer* and *adominer* (see Tobler-Lommatzsch s.vv.). The line is a proverbial expression (cf. Morawski 1765 and vars.) meaning 'A colt does not easily forget what it learns in its training'.

621–5. The grammatical construction is again rather loose: 'And it was by chance on the day when they honour Phoebus, the sun-god, whom, (as) an image of burnished gold, standing in a chariot, holding a round ruby, they will worship, and round whom they will all assemble and (to whom) they will pay their customary annual vows and service.'

634–42. St. Alban's agonized outburst at his tormentors may be translated as follows: 'All those whom I see here will struggle to no purpose. You are sowing gravel, making a bridge of ice; the sea will dry up, a stream will flow up-hill, before I forget Jesus who created the world. Neither for all the gold a ship would carry, nor for all men who are alive and will die, for neighbour or relative, for friend dark or fair, will they be able to do anything as a result of which I will ever again worship the devils that are deep in Hell.'

650 f. It would be normal in Old French for all the verbs in the subordinate clause to be in the present subjunctive; in terms of Conti-nental morphology, however, *enpeinst* is a preterite and *batist* an imperfect subjunctive. Assuming an Anglo-Norman substitution of the indicative for the subjunctive in this construction (see Introd., p. xxviii), *enpeinst* (with inorganic *s*) and *obeist* could be taken as present indicatives; but *batist* for *bat* would be most exceptional, even by way of Anglo-Norman poetic licence.

663. The use of *sacrifice* in apposition to *me* appears to be a direct imitation of the Latin text in Romans 12. 1.

667. **pousse** See Introduction, p. xxvii.

681–2. The construction is obscure, and Atkinson (note on l. 678) proposed to correct *De soie coiltes pointes* to *N'a coiltes pointes de soie*. It is probable, however, that *de* is here used in a dual function, and that the

G*

construction is *n'a mais lit au chucher de coiltes pointes de soie, a plume* ... 'He
has no longer a bed to sleep on of quilts of silk, with down or cotton or
fabrics from beyond the sea'. Cf. Introduction, p. xxviii, and A. Tobler,
Vermischte Beitrage I³, 224 ff.

694. **aorer** This verb, of which no other example is cited in the
dictionaries, appears to be derived from *ore < aura* and to mean 'to
ventilate, to cool'.

715. There is a lacuna here, probably of one folio.

765. **parfund** Although the noun *ewe* is usually in the text treated as
a feminine (*parfunde e raedde* 790, *la* 928, *vive* 93r), it is qualified by masculine
adjectives here and in l. 772 (*ki parfund fu e lé*). Hesitation as to gender
is not uncommon in the case of nouns beginning with a vowel, and in
later Anglo-Norman generally; but there seems to be no evidence of the
use of *ewe* as a masculine.

770. **nun** This is the normal particle in the construction (cf. *St.
Brendan* 655: *Hastivement, e nun a tart*, and Tobler-Lommatzsch VI, 770);
nul is hardly possible in the context in its normal sense of 'no one', though
it is conceivable that it is an Anglo-Norman spelling for *nun*.

771-4. For unexplained reasons Atkinson numbered these lines *771,
*772, 771, 772. As a consequence our line-numbers are in advance of his
by two from 773 to 935; see also note on l. 936.

790. **raedde** Here and in l. 76r this form clearly represents Old French
rade < rapida 'swift' (of water); its abnormal spelling would appear to be
due to confusion with the adjective written *raed* in l. 1148, which is
Anglo-Norman and Western Old French *reit < rigidum* 'stiff', 'firm'
(Modern French *raide* and *roide*). The confusion, though not the spelling
with the digraph *ae*, is found elsewhere: in *St. Modwenna* rivers are
described as *rade* 3835 (var. *redde*), *raide* 6032 (var. *redde*), with the abstract
noun *raidur* 3836, 5902 'swiftness'.

briant If the spelling is not a mere slip, it represents a reduction of
ui pretonic to *i*; cf. *bruant* 1154.

805. **nuls unc hom** The separation of the adjective from its noun is
unusual; but see Introduction, p. xxviii.

816-18. 'The water, in being obedient to you, proves your power; and
what men deny, perversely combating it, to that the element (i.e. the
water) that is attendant on you bears witness.' We have with some
hesitation taken *purvers* as the common Anglo-Norman form (cf. l. 95r,
Apocalypse 1575, 1629, etc.) of *pervers*; Atkinson read *pur vers recumbatant*
and interpreted '(the element) defends as true'.

833. **La huntage de lui** Since in this text the genders are usually those
of Continental Old French, the article *la* is surprising (in ll. 290, 1558, 62r
the gender of *huntage* is not shown). We should perhaps read *L'ahuntage*;
Godefroy has one example of this noun, and the verbs *ahontagier, ahonter,
ahontir* are common.

836. **ploier le gant** See Tobler-Lommatzsch IV, 32-3 and 90.

841. **par lui li trespassant** 'those who pass by him'; cf. l. 1210.

848-9. 'As he grows cold, they treat him as soulless carrion, abandoned to wolves or dogs and flying birds.' For a similar use of *tenir* cf. l. 1005.

871. **Ki regne** 'Whose kingdom'.

876. **tut n'eit tei Deu rekeneu** 'even though it (i.e. the people) has not recognized You as God'.

936. Atkinson erroneously counted the rubric here as a line; from this point on, therefore, our line-numbers are only one in advance of his (cf. note on l. 771).

942. 'For he wished at least to see Alban's body' (the martyr was already dead).

voer Elsewhere the infinitive is written *ver*; as in *quoer* (< *quaero*) 1762 the *o* is probably without phonetic significance.

966. At this point several folios of the manuscript have been misplaced (see the marginal references).

1013. **Qant** This is the only occasion on which the *u* after a capital *Q* has been omitted.

1031. The reference is to Matthew 5. 14; cf. also ll. 375-6r.

1063. **fichi** This is the only example in Tobler-Lommatzsch of the verb *fichir* in the sense of the more usual *fichier*; the feminine *fichie* occurs in l. 214r. Cf. Introduction, p. xxv.

1108-9. The meaning is clearly 'We will never, for fear of the sword, allow ourselves to be turned away from his love'; but the construction is abnormal, for *ne larrum ke* is regularly followed by a negative clause in the sense 'we will not refrain from . . .'; cf. *Pur tant ne laist cist ke ses criz ne eshauce* 1441, also ll. 231-2r.

1133. **en fu garniz par un sun bienvoillant** 'was warned of it by one of his well-wishers'. In accordance with normal Old French usage (*ses bienvoellans* etc., Tobler-Lommatzsch I, 971) we have printed *bienvoillant* here and in *Servant e ami e vostre bienvoillant* 1764; Atkinson took *bien* as a separate noun qualified by *sun* and *vostre*, on the ground that otherwise *vostre* should precede *servant* in l. 1764.

1135. **bruidee** A compound of the same verb is written *e[m]bruusdee* in l. 1213.

1148. **raed** See note on l. 790.

1187. The word *sanc* is written above *cors* (not expuncted or struck out), which was evidently an erroneous anticipation of *cors* later in the line.

1188. **en un acordant** 'of one accord, unitedly'. As Atkinson pointed out (note on l. 1138), a similar use of the substantivized participle occurs in the text in more familiar expressions such as *mun viant* 810, *le remenant* 840, *en un tenant* 1139, *au muriant* 1186.

1215. **M'ensegnement** This appears to represent an exceptional reduction of *mun ensegnement* (cf. *sun enseignement* 1317). There is a rather similar case in the *Comput* of Philippe de Thaon (ed. E. Mall, Strassburg, 1873), l. 1642, where two manuscripts have *Sulum* (*Sulunc*) *m'entendement* and a third *Sulunc ma e.* (the fourth has hypermetric *Solunc men e.*; the editor prints [*Sum*] *mun entendement*). Cf. also *m'entendement*, cited from *Brun de la Montaigne* 2397 by P. Rickard, *Archivum Linguisticum* 11 (1959), 23. Here the gender may have been influenced by the synonyms *entente*, *entencion*; but no similar influence suggests itself for *ensegnement*.

1260. **Ne fait plus a creire k'au vent** The syntax is obscure: if the subject of *fait* is *prophecie* 1258, one would expect *ke li ventz*; if *fait* is impersonal, one would expect *N'i fait plus a creire*.

1315. For this proverb cf. Morawski 2259.

1329. **d'ocire** The infinitive with *de* expressing purpose is found also in *sumuns . . . d'envair* 1420, and perhaps in *frois e nuveus de la busoingne Jesu faire* 1472, *de murir . . . se purofri* 1528.

1336. **nigromant** There is a temptation to correct to the well-attested *nigromance* (cf. *nigromancie* 998, 1221); but *nigromant*, though not recorded in the dictionaries, is supported by the existence of *ingremant*, to which it bears the same relation as *nigromance*, *-cie* to *ingremance*, *-cie* (cf. Tobler-Lommatzsch IV, 1390–92).

1347–8. 'Only one was lacking for there to be a full thousand.'

1351. **Cist sunt martir de cors, cist de quor, duluser** The sense appears to be 'They are martyrs in suffering in the body, he in suffering in the heart'. For *de* used in a dual function (*de duluser de cors*) see note on ll. 681–2. The verb *duluser* here and probably also in l. 1629 has the sense of 'to suffer pain'; this does not seem to be attested elsewhere, but the related words *doloir*, *dolor*, *doloros* can all refer to physical pain as well as to lamentation.

1358. 'Bloodstained as the lion who is busy tearing his prey to pieces'; for the construction *est a proie devurer* see Tobler-Lommatzsch III, 1451.

1420. See note on l. 1329.

1421. **N'a cist ki n'est muntez palefrei** It is surprising that *munter*, which here has a direct object, should be conjugated with *estre*; cf. *ad le tertre munté* 941, *a sun destrer munté* 943. See, however, *Boeve*, note on l. 138 and *Horn* II, 90.

1429. **L'alasse e l'ensenglante des plantes la pel.** The first *l'* is a direct object, the second appears to be for the indirect object *li*. The elision of *li* is unusual except before the pronoun *en*, but see *Horn* II, 28–9.

1542. **estrangi** The verb *estrangir*, a variant of the more usual *estrangier*, is attested most frequently in Anglo-Norman texts; cf. Tobler-Lommatzsch III, 1442–3. See Introduction, p. xxv.

1607. **a chemin jurnal** As an adjective *jurnal* occurs almost exclusively with *estoile* in the sense of 'morning star'; here it appears to have a meaning corresponding to that of the noun *jurnal* 'day's work', 'day's journey' (cf. Tobler-Lommatzsch IV, 1798).

1613–19. Atkinson attached l. 1613 to what precedes, with a full stop after *costal*, and described *li martirs*, with the relative clauses in ll. 1614–19, as a 'nominativus pendens'. It is more probable that it is in fact the subject of l. 1613.

1632. **Deus** In spite of its form, this must be interpreted as a dative.

1651. **N'estes las ne saul de Jesu langetter** Tobler-Lommatzsch V, 150 cites this line as its only example of *langueter* transitive in the sense of 'to keep chattering about'. It is perhaps more probable that it is the intransitive verb in its normal sense of 'to chatter', with *de* used in a dual function (*de langetter de Jesu*); cf. Introduction, p. xxviii.

1679. Cf. Mark 9. 43.

1687. **E Jesu [ne] reclaimes** Atkinson (Glossary s.v. *reclaime*) attempted to justify the manuscript reading *E Jesu reclamer* by assuming that *reclamer* depended on *cuvendra* 1685; but this is hardly possible in the context.

1711. **Jo n'ai esperance fors en Deu e vus nun** The construction shows a contamination between *ne . . . fors en Deu e vus* and *ne . . . si en Deu e vus nun*; cf. Tobler-Lommatzsch III, 2143.

1764. **bienvoillant** See note on l. 1133.

1770. **Un[e] des grantz merveilles** For the gender of *merveille* cf. *la merveille* 1395, 1624; the past participle *recunté* is not significant (so also in ll. 944, 973, 1391, 1395), since in this text past participles often remain invariable.

RUBRICS

Atkinson printed the French and Latin rubrics, with brief descriptions of the illustrations, by way of appendix to his edition. He did not rectify the irregular sequence of the folios (see note on l. 966), and he provided no critical notes, nor did he include the vocabulary of the French rubrics in his Glossary.

19r. **summe** The verb *summer* (*somer*) 'to sleep' does not seem to be attested elsewhere.

44–5r. The first couplet on f. 33 verso is illegible.

177–8r. This rather obscure couplet seems to mean literally 'It (i.e. the company) was not completely killed and dead but that Jesus comforts them', i.e. 'They were hardly dead before Jesus was comforting them'.

211–14r. The subject of *ad cuntruvé* is *Ki* (absolute, 'he who') . . . *atache*.

217–18r. 'Though suffering such torment, he did not stop converting the pagans by preaching.' It is possible that *par* 217 is an error (through anticipation of *par* 218) for *pur* (cf. ll. 1108, 1111, 1198, 1235).

231–2r. 'He (i.e. the Christian, l. 228) does not fail to bury the martyr with his company.'

233–4r. This rather cryptic couplet needs to be interpreted by reference to ll. 1736–46.

258r. At this point the rubrics and illustrations relating directly to the martyrdoms of St. Alban, St. Amphibal and St. Aracle come to an end. The pictures and rubrics which follow bear no relation to the writing beneath them. They begin with references to the life of St. Genoveva and the mission of St. Germanus to Britain, and then, at f. 55, to incidents in the life of King Offa who, being informed in a dream, discovers the tomb of St. Alban. Offa is represented as ordering a church to be erected on the site of the tomb, founding an abbey ruled over by Willegodus, and finally presenting gifts for the high altar. These rubrics have been included here for the sake of completeness.

262r. St. Germanus, bishop of Auxerre, accompanied by St. Lupus of Troyes, went to Britain to preach against the Pelagian heresy. See *Butler's Lives of the Saints* (London, 1956), III, 251, and note on ll. 457–64r.

270r. In the rubrics from this point on there are a number of words and phrases which are illegible or completely effaced. The conjectures are those of Atkinson except where noted.

277r. **dener** It seems clear from the text and illustration that this word here means '(religious) medal'. Since many medieval coins carried representations of the figure of the Lord or of a saint, they could easily serve such a purpose; but neither Godefroy nor Tobler-Lommatzsch records such a use of the word.

333r. Offa, King of the Mercians, was the first king of all England. He reigned A.D. 757–96. See also note on ll. 457–64r.

359r. **Holmhur[s]t** This name is not found in *The Place-Names of Hertfordshire* (English Place-Name Society, XV, 1938). It appears to represent a combination of two elements common in English toponyms, *holegn* 'holly' and *hyrst* 'hillock, wooded eminence, etc.' The author himself provides an explanation of its origin: 'The place where the martyr was beheaded was formerly called Holmhurst because it was so thickly overgrown with holly.'

371r. The reference is to the visit of the Magi.

375–6r. See note on l. 1031.

385r. 'They dig with spades and picks.' Atkinson erroneously transcribed the first remaining letters as *-oient*; he offered no conjecture for the missing portion.

395–6r. The words and letters supplied are a very tentative conjecture (Atkinson offered none): 'which were wrapped in a silken cloth which loses neither colour nor shape'.

433r. The third day before the Nativity of St. John Baptist (June 24) is the date (June 22) still celebrated as that of the martyrdom of St. Alban.

437r. The date here given for the Invention of St. Alban is, according to the Roman calendar, August 2. E. F. Jacob in *Illustrations to the Life of St. Alban*, p. 37, cites the *Gesta Abbatum S. Albani* as recording that the Translation also occurred on this day in the year 1129. He is inclined to believe that the words of the hymn to St. Alban found on f. 61 of the Trinity College manuscript were composed for this latter occasion. See also note on ll. 457–64r.

451r. **purchaz** 'property, wealth', presumably referring to an endowment from the king's own funds.

457–64r. Most modern authorities are very reluctant to make any precise statement concerning the dates of St. Alban's martyrdom, of the visit of St. Germanus and St. Lupus to the saint's tomb, of the Invention of the saint and the founding of the Abbey. Baring-Gould, in his *Lives of the Saints*, gives the date of the martyrdom as A.D. 304, as against A.D. 286 given in the Anglo-Norman life; the editors of *Butler's Lives of the Saints* simply state 'date unknown'. As far as the visits of St. Germanus are concerned, the poem mentions only one, which it places in A.D. 449. Baring-Gould, the editors of *Butler's Lives of the Saints* and those of the *Dictionary of Catholic Biography* agree that the first was in A.D. 429; the second, which would seem to have been made by St. Germanus unaccompanied by St. Lupus, took place according to Baring-Gould in A.D. 447, but according to the other authorities *c.* 440. As to the possible invention of St. Alban by King Offa in A.D. 793, it can only be stated that this is the traditional date of the founding of the Abbey and that it falls within Offa's reign, A.D. 757–96. See also note on l. 437r.

GLOSSARY

The glossary of this edition is selective, with particular emphasis on words, phrases and forms which are peculiar to this text or to Anglo-Norman. Vocabulary from the rubrics is also included, the line-references for these entries being followed by the letter *r*. Verbs are listed under the infinitive, followed immediately by a line-reference, if this form occurs in the text, otherwise by a semicolon. If, however, there is a single or exceptional example of a verb it is listed under this form. Nouns are given in the accusative singular and the gender is indicated if it can be determined from the text. Adjectives likewise are to be found under the masculine accusative singular form unless there is a single, unusual form in the text. Orthographical variants are given in round brackets after the entry except in the case of verb forms which are listed with the tenses concerned. The letter *n* after a line-reference indicates an explanatory note.

acastonee, *pp.* of **acastoner,** *v.a.* set (of gems) 4

acerin, *adj.* of steel 1839, 98r

acerté, *pp.* of **acerter,** *v.a.* assure 378, 965, 1037

acointé, *pp.* of **acointier,** *v.refl.* become acquainted 343

acordant, *pres.p.:* **en un a.** in agreement, of one accord 1188n

acumpainné, *pp.* of **acumpaignier,** *v.refl.* join as a companion 1039

acupa, *pret.* 3 of **aculper,** *v.a.* blame 231

acurer 1264, *v.a.* remove the heart of, kill

adanture, *sf.* training, breaking in 619n

adrescement, *sm.* short-cut, direct route 1593

aen, *pron.* of them 1032

aers, *pp.* of **aerdre,** *v.n.* adhere 1114

aesmal, *s.* enamel 20

afublee, *pp.* of **afubler,** *v.a.* put on 519

agnés, *s.* lamb 334r

agraventent, *ind.pr.* 6 of **agraventer,** *v.a.* overwhelm 1701

aguete, *s.* watcher 1066

ahuent, *ind.pr.* 6 of **ahuier,** *v.a.* jeer 1426

aie, *s.* help 672, 1221, 1439, 120r etc.

aiere (eire), *sm.* journey 56; **se mettre en l'e.** set out 264r

aimant, *s.* diamond, adamant 1148

ajurnee, *s.* dawn 527

alasser; *ind.pr.* 3 **alasse** 1429; *pp.* **alassé** 446r; *v.a.* make weary

aloue, *s.* lark 50

amerroient, *cond.* 6 of **amener,** *v.a.* bring, lead 1739

amesurer 700, *v.n.* moderate; *v.refl.* restrain oneself 1359

amonesté, *pp.* of **amonester,** *v.a.* exhort 166r

amund, *adv.* on high 391r

an, *s.* year: **en grant e meint a.** for many a year 331r

ancele, *sf.* handmaiden 1252

angel (angere, angre), *s.* angel 1065, 1098, 1183 etc.

anglin, *adj.* angelic 303

anentir; *pret.* 3 **anentti** 1143; *v.n.* perish: *pp.adj.* **anienti** wasted away, ravaged 1455

anoité, *pp.* of **anuitier,** *v.impers.* become evening 396

anvel, *adj.* annual 625, 1417

aorer 694n, *v.a.* ventilate, cool

apendre; *ind.pr.* 3 **apent** 139, 182, 725 etc.; *fut.* 3 **apendra** 441; *pres.p.* **apendant** 1195; *v.impers.* appertain, be necessary

apetizant, *pres.p.* of **apetisier,** *v.n.* grow small 791

aprise, *s.* doctrine, teaching 550, 319r

aragier; *ind.pr.* 3 **arage** 2411; *pp.* **aragé** 1781; *v.refl.* become enraged

arbruseu, *sm.* small tree 1173

arrement, *s.* ink 1547

asaartent, *ind.pr.* 6 of **assarter,** *v.a.* clear land 386r

asenser 265r, *v.a.* instruct

asoti, *pp.* of **asotir,** *v.a.* fool, delude 1491

assart, *s.* destruction 344r

assen, *s.* consent 295r

assentir; *ind.pr.* 3 assent 196, 1575, asent 726, 6 asentent 720; *v.n. and refl.* (dat.) agree, approve, give assent to
asset, *ind.pr.* 3 of asseoir, *v.a.* set, lay (stones) 409r
ateint, *pp.* of ataindre, *v.a.* overcome 87r
atempreure, *s.* moderation 590
atitlé, *pp.* of atitler, *v.a.* enrol 1021
atur, *sm.* dress 19, 541
auctur, *s.* authority 315r
auné, *pp.* of auner, *v.a.* assemble 539, 760, 52r
aurnas, *pret.* 2 of aurner, *v.a.* enrich, adorn 931
aust, *s.* August 437r
auter, *s.* altar 452r
autre, *adj.* any (mere) 295
aval (avau), *adv.* down below, downwards 17, 916, 1611; *prep.* down 7, 880
aventaille, *s.* visor 1469
avogleure, *s.* blindness 240r
avolé, *pp.adj.* vagabond, alien 1248
avoutre, *s.* adulterer 1683

baer 697, *v.n.* gape
bailler 1267, *v.a.* make use of
bailli, *sm.* chief, ruler 459, 714
baillie, *sf.* power 1449
balance, *s.* hesitation, doubt 1383
ban, *s.* proclamation 436r
bani, *pp.* of banir, *v.a.* summon 1495; ost b. assembled army 1286, 162r
basti, *pret.* 3 of bastir, *v.a.* cause, bring about 1511
batant, *adv.* directly 424
batu, *pp.* of batre, *v.a.* encrust, embroider 20
baud, *adj.* brave, cheerful 1196
baudur, *s.* courage 558
bersé, *pp.* of berser, *v.a.* wound by arrows 521
besille, *ind.pr.* 3 of besillier, *v.n.* perish 1247
beu, *adv.* handsomely, well 734, 912, 1100
bien (ben), *sm.* kindness 314; advantage 1664
bienvoillant, *sm.* well-wisher 1133n, 1764
binné, *pp.* of s'en binner, *v.refl.* go away 554
bis, *adj.* dark gray 160, 684
blandir 591, 1236, 58r; *pp.* blandi 1525; *v.a.* cajole
blesmi, *pp.* of blesmir, *v.a.* harm 1550
bleste, *s.* sod, turf 1756, 388r
boiseur, *sm.* deceiver 561, 1561
bonure, *s.:* a b. fortunately 351
bonuré, *adj.* happy, blessed 1044
breent, *ind.pr.* 6 of braire, *v.a.* scream 861

bruant (briant), *adj.* noisy (as of flowing water) 790n, 1154
bruidé, *pp.* of brusder, *v.a.* embroider 1135n
bu, *sm.* trunk of the body 450, 949, 1014
buc, *s.* goat 66
bucler, *adj.* with bosses 853
buele, *sf.* bowel 1266, 1602, 212r
buie, *s.* shackle 680
busoinne (busoingne), *sf.* task, work 124, 1285, 1472
buter 534; *ind.pr.* 3 bute 631; *subj.pr.* 3 bute 48r; *pp.* buté 753; *v.a.* shove, push
butuiller, *sm.* butler, wine steward 677
butun, *sm.* bud 334, 1672
buu, *s.* bracelet 680

capital, *adj.* for the head 1618
caprin, *adj.* of goatskin 1829
caracte, *s.* magic spell 1007
casal, *s.* hut, hovel 16
celer, *sm.* vault 17, 676
cenbel, *s.* combat 1419
cenele, *sf.* haw 1268
cesarin, *adj.* subject of Caesar 1835
chaçur, *s.* courser, horse for the chase 1422
chael, *sm.* pup 1426
chaesne, *s.* chain 666, 710, 749
chalant, *sm.* boat 792
chapel, *sm.* head-piece 1469; chaplet 1618
chef (chief), *sm.* conclusion 540, 761; a (au) c. de tur finally, in the end 562, 129r
cheinsil, *s.* cloth of hemp or linen 1721
cheoir; *ind.pr.* 3 chiet 806, 83r, 6 cheent 75r; *pp.* chaet 916, 1176, chaeth 1155; *v.n.* fall
cheut, *ind.pr.* 3 of chaloir, *v. impers.* matter 464, 176r
ci, *adv.:* c. la k' until 118n
cisel, *s.* chisel 412r
clamer; *ind.pr.* 2 claimes 583, 3 claime 79, cleime 60r; *pp.* clamé 956; *v.a.* name, call 79, 583; call on, invoke 956, 60r
clergastre, *sm.* contemptuous term for a cleric 1248
cloufiché, *pp.* of cloufichier, *v.a.* nail 6, 88
coilte pointe, *sf.* quilt 682
cointement, *adv.* cunningly, discreetly 227r
communal, *adj.* affable, sociable 22
conclus, *pp.* of conclure, *v.a.* defeat (in argument) 311r
consirer (cun-) 585, 1664, *v.a.* obtain, gain

cordewon, *sm.* Cordovan leather 1829
costal, *adj.* relating to the ribs or side of the body 1613
creistre; *ind.pr.* 3 **crest** 1820, 219r, 244r; *pres.p.* **cresant** 1173; *v.n.* grow
cremu, *pp.* of **crembre,** *v.a.* fear 1396
crier 29, 118, 1310; *pret.* 3 **cria** 528, 637, 661; *pp.* **crié** 785; *v.a.* create
[cr]osent, *ind.pr.* 6 of **croser,** *v.a.* dig 385r
cumençail, *sm.* beginning 55, 1813
cunestable, *s.* ruler 1041
cunestablie, *sf.* troop 1451
cunpere, *subj.pr.* 3 of **comparer,** *v.a.* pay for 1582
cunrei, *s.* measures, precaution 428
cuntenement, *s.* way of life, customs 177
cuntraire; *ind.pr.* 3 **cuntrait** 238r; *pp.* **cuntrait** 1773, 1777; *v.a.* distort, deform
cuntrefait, *pp.* of **contrefaire,** *v.a.* fabricate 597
cuntrevure (contre-, cuntru-), *s.* invention, deceit 598, 1259, 316r
cunussance, *sf.* recognizability 1372, 1811r
cunveier; *ind.pr.* 3 **cunveit** 43r, 6 **cunveient** 1354; *pret.* 3 **cunveia** 1134; *v.a.* accompany, escort
cunverser 208, *v.n.* live
curaille, *sf.* area of the heart 256
cural, *adj.* of the heart 7, 1604
curaument, *adv.* heartily, sincerely 927
curre, *sm.* chariot 623
cute, *s.:* **a cutes** on one's elbows 941

danz, *s.* lord 1103
darrein, *adj.* last 577
darreinner (darrener), *adj.s.* last 1339, 1529, 1592
debatre; *ind.pr.* 6 **debatent** 840; *pp.* **debatu** 86r; *v.a.* abuse, maul
debonnereté, *s.* kindness 781
deité, *sf.* godhead 1801
delivre, *adj.* sound, healthy 977, 991, 1460
demaleire, *adj.* of an evil nature 265r
demeine (desmeine, demeaine), *adj.* own, peculiar 244, 911, 439r etc.
demener 110, 1355; *ind.pr.* 6 **demeinent** 1808; *imper.* 4 **demenum** 1084; *pp.* **demené** 984; *v.a.* spend (one's life); show (joy etc.), do (penance)
demurance, *sf.* delay 1374; protraction, continuance 668
dener, *sm.* medal 277rn
depané, *pp.adj.* ragged 1249
deproié, *pp.* of **deproier,** *v.a.* beg, plead with 1525
depulin (depuslin), *adj.* of foul lineage 1842, 97r

deputeire, *adj.* vile, wicked 1580
derami, *pp.* of **deramir,** *v.a.* tear 1515
derocher; *ind.pr.* 6 **derochent** 840; *pp.* **deroché** 1012; *v.a.* stone, batter
descunus, *ind.pr.* 1 of **desconoistre,** *v.a.* disown 335
deshuel, *adj.* uneven 1428
despendre; *ind.pr.* 3 **despent** 200; *pret.* 3 **despendi** 232; *pp.* **despendu** 100, 810; *v.a.* spend, utilize 100, 200 etc.; apply, inflict 232
despersone, *ind.pr.* 3 of **despersoner,** *v.a.* insult, outrage 723
desrunt, *ind.pr.* 3 of **desrumpre,** *v.a.* tear 631
destuers, *pp.* of **destordre,** *v.a.* twist 1778
desvé (deevé), *pp.adj.* insane 149, 1775
devier 111, *v.n.* die; *pp.* **devié** 1001, 1795
devurer 1358, *v.a.* tear to pieces
doinne, *ind.pr.* 3 of **deigner,** *v.n.* condescend 204
doler 111; *ind.pr.* 3 **deut** 589; *pres.p.* **doillant** 842, 1431; *v.n.* suffer, be in pain
dromund, *sm.* ship 638
dubler, *adj.* with a double layer of mail 853
duluser 1351n, 1629, *v.n.* suffer, be in pain
dune, *interrog.part.* then 570n

ee, *s.* age, life 529n
eille, *s.* island 1837
eire, see **aiere**
el, *pron.* anything else 1434; **par e.** otherwise 1290
e[m]bruusdé, *pp.* of **embrusder,** *v.a.* embroider 1213
enbeu, *pp.adj.* given to drink 89
enbrever 1547, *v.a.* register, record
enchaesné, *pp.* of **enchaener,** *v.a.* put in chains 670
enchani, *pp.adj.* grown gray, aged 460n, 1068, 1549
encroer 1661; *pret.* 3 **encroa** 237; *v.a.* crucify
encru, *pp.adj.* overgrown 360r
encumbrer, *s.* distress, trouble 48, 120, 704, 1049 etc.
encupé, *pp.* of **enculper,** *v.a.* incriminate 157
encusu, *pp.* of **encudre,** *v.a.* sew up 1401
endementers, *adv.* meanwhile 226r
endroit, *adv.:* **e. de** with regard to 1085
enfreinnes, *subj.pres.* 2 of **enfraindre,** *v.a.* break, violate 280r
enfrundrer 1264, *v.a.* crush
enganer 1296, 1652, *v.a.* deceive; *pp.* **engané** 92, 423

engaunir 705, *v.n.* turn yellow
engetter 119; *ind.pr.* 3 engette 806, 83r; *pret.* 3 engetta 310, 1161; *imper.* 5 engettez 569; *v.a.* deliver 119, 310; throw away 569, 806 etc.
enginner 1660, *v.a.* deceive
enginneur (enginnur), *sm.* deceiver 1569; workman in metal or stone 596, 401r
engrés, *adj.* arrogant, aggressive 722
enjurnant, *s.* dawning 1134
enjurner, *inf.s.* dawn 212, 703, 1678
enmaladi, *pp.* of enmaladir, *v.n.* fall sick 1115
enmercie, *ind.pr.* 3 of enmercier, *v.a.* thank 282, 492, 1460
ennerci, *pp.sm.* dark-skinned person 1104
enparenté, *pp.adj.: bien e. well-connected 740
enpeindre; *ind.pr.* 3 enpeinst 651n, 6 enpeinnent 632; *v.n.* strike
enpenné, *adj.* winged 991
enpreinnes, *subj.pr.* 2 of empreignier, *v.n.* become pregnant 279r
enseingne, *s.* sign 143r, 152r, [282r]
ent, *adv.* from here, away 468; *pron.* for it 1513
entaille, *sf.* carved work 324, 597
entamé, *pp.* of entamer, *v.a.* damage 1389
entent, *ind.pr.*3 of entendre, *v.n.* be attentive 1571, be intent 1595
entente, *sf.* effort, care 114r, 441r
enter, *adj.* loyal, sincere 1306
enterrin, *adj.* loyal, sincere 1845
entunciun, *sf.* intent, purpose 1725
entuschier; *pp.* entusché 12, 328r, entuscé 999; *v.a.* poison, contaminate
enumbrer 137, *v.a.* overshadow, become incarnate in
envair 1420; *pret.* 3 envai 1117; *v.a.* invade, assail
envespri, *pret.* 3 of envesprir, *v.n.* draw to a close 1055
enviruner 215r, *v.a.* walk around
enviz, *adv.* unwillingly 763, 919
errant, *adv.* quickly 1176
es, *interj.* behold 408, 825, 877 etc.
esbueler 1341; *pp.* esbuelé 1373; *v.a.* disembowel
esceint, *pret.* 3 of esceindre, *v.a.* surround 265
eschantement, *sm.* enchantment, magic 195n
eschar, *s.* mockery 962
escharnir; *pret.* 3 escharni 233, 106r; *pp.* escharni 89, 922; *v.a.* mock
eschivi, *pret.* 3 of eschivir, *v.a.* reject 230

eschoisir 1230; *pp.* eschoisi 346, 1070 etc.; *v.a.* see, distinguish 1070, 1523; choose 346, 1230; *pp.adj.* choice 906
esclavine, *sf.* pilgrim's cloak 476, 519, 1830
escreve, *ind.pr.* 3 of escrever, *v.refl.* break (of dawn) 366r
escrié, *pp.* of escrier, *v.a.* drive off by shouting 555
escurgie, *s.* scourge 234
eshaucier; *ind.pr.* 3 eshauce 1441; *pp.* eshaucé 993; *v.a.* increase
esluissé, *pp.* of esluissier, *v.a.* dislocate 1778
esmanker 1345, *v.a.* injure, maim
esmesurez, *imper.* 5 of esmesurer, *v.refl.* control, moderate 1519
esmoillir 205, *v.a.* soften
esparpeile, *subj.pr.* 3 of esparpeillier, *v.a.* spread 206r
espessement, *adv.* thickly 360r
espicial (especiel), *adj.* particular 9; *s.* particular friend 1480
esploiter (espleiter) 664, 1290, 169r; *ind.pr.* 3 espleite 648; *v.a.* achieve 648; *v.n.* succeed, be effective 664, 1290, 169r
espoir, *adv.* perhaps 1311
espouri, *pp.adj.* frightened 486
esquis, *pp.adj.* afraid 193r
esta, *ind.pr.* 3 of ester, *v.n.* stand, remain 1321
establi, *s.* established law, doctrine 178n
estache, *sf.* stake, post 213r
estal, *s.* stop, rest 1606
estrangi, *pp.s.* stranger 1542n
estrive, *ind.pr.* 3 of estriver, *v.n.* struggle 94r
estuer 711; *pp.* estué 367, 983; *v.a.* store up 367; enclose 983; shut up 711
exuiller 109, *v.a.* exile

fableur, *s.* story-teller 835
faiel, *adj.* faithful 1255
faillance, *s.* error, failure 1375
faiture, *sf.* work, creation 596, 934
feffé, *pp.adj.* endowed with fiefs, wealthy 357, 1033
feindra, *fut.* 3 of feindre, *v.refl.* be backward, be half-hearted 435
feit (faiz, feiz), *sf.* time 152, 169, 574
fel, *s.* gall 238
fer (fier), *adj.* fierce 708, 1334
ferm, *adj.* steadfast 1306; *adv.* fast, firmly 223, 320
ferré, *adj.* paved (of road) 764, 1428
ferrin, *adj.* iron-like 53
ferté, *s.* brutality 393
fevre, *s.* blacksmith 1251

fi, *adj.* certain 276; **de f.** with assurance 965, 1090, 1543
fichi, *pp.* of **fichir,** *v.a.* fix 1063n, 214r
figuré, *pp.* of **figurer,** *v.a.* represent 291
flaschi, *pp.* of **flaschir,** *v.n.* gush out 898
flecchir 667, 1149, 1218; *fut.* 1 **flecchirai** 607, 6 **flecchirunt** 1035; *subj.pr.* 6 **flecchissent** 1716; *pp.* **flecchi** 485, 633, **flechi** 894 etc.; *v.a.* bend, subdue 485, 683 etc.; *v.n.* yield 607, 667 etc.
flocun, *sm.* lock of hair 893
flote, *s.:* **a f.** on the water, afloat 792
flurir; *pret.* 3 **fluri** 265; *pp.* **fluri** 1019, 1074, 1452, 1536; *v.a.* adorn (with flowers)
franchise, *sf.* kindness, generosity 100, 580, 781 etc.
frarin, *adj.* wretched 59, 1505, 1843
fresnin, *adj.* of ash 1828
frois, *adj.* fresh 1471
froissir; *ind.pr.* 6 **fruissent** 652; *pret.* 6 **froisirent** 254; *v.n.* break

gabber 571; *pp.* **gabbé** 946; *v.a. and refl.* mock
gainnur, *sm.* farmer 1142
garde, *s.:* **se duner g. de,** notice, perceive 434
garnir; *pret.* 1 **garni** 616; *pp.* **garni** 262, 734, 852 etc., **guarni** 452; *v.a.* guard, watch 262; equip 852; warn, inform 452, 616 etc.
gas, *sm.pl.* mockery 962, 1299
geir 1237; *ind.pr.* 6 **geisent** 1804; *v.a.* confess
gendre 1205; *ind.pr.* 3 **gent** 483, 777, 894 etc., **geenst** 589; *v.n.* groan
genoil, *s.:* **a genoilz,** on one's knees 941, 1174
genoillun (gon-), *s.:* **a genoilluns,** on one's knees 239, 325, 514 etc.
gorgee, *s.* outpouring, abuse 523n
granter; *ind.pr.* 3 **grante** 30; *subj.pr.* 3 **grante** 1051; *imper.* 5 **grantez** 1221; *pp.* **granté** 787; *v.a.* grant
grundillier; *ind.pr.* 3 **grundille** 894; *subj.pr.* 3 **grundille** 308r; *v.n.* murmur, grumble
guete, *s.* watcher 137r
guier 102, 1316, 1637; *ind.pr.* 3 **guie** 1294, 1438, 1576; *v.a.* guide, rule
gunele, *s.* tunic 1249
gupil, *s.* fox 555

hahan, *s.* anguish, torment 62r, 400r
haid, *subj.pr.* 3 of **aider,** *v.a.* aid 609
harpeure, *s.* music of the harp 615n
herber, *s.* herb garden 693

his, hissi, hissu, see **issir**
hisdur, *s.* terror, fright 570
hus, *s.* holly 359r

idle, *s.* idol 249r
issir; *ind.pr.* 3 **ist** 653, 839, 1732; *pret.* 3 **hissi** 257, **issi** 480; *imper.* 2 **his** 754; *pp.* **hissu** 878; *v.n. and refl.* come out, leave

jofnesce, *s.* youth 466n
juel, *s.* jewel 1150
jurnal, *adj.* day's 1607n
jurnee, *s.* day's journey 1291
jus, *adv.* below 227
justise, *ind. pr.* 3 of **justisier,** *v.a.* control, dominate 590

kaif, *s.* epileptic 149n
kancke, see **quancke**
kernel, *s.* battlement 1466

lamund, *adv.* above 1713
langetter 1651n, *v.n.* chatter, babble
laundroit, *adv.* thither 264r
leger (legger, ligger), *adj.* light, quick 299, 797, 991, 1006
lenquir 1231, *v.a.* renounce; *pret.* 3 **lenqui** 492
leres, *nom.sg.* of **larrun,** *s.* thief 742
li, *ind.pr.* 1 of **lier,** *v.a.* bind, join 488
lié (lé), *adj.* happy 266, 1539
lief, *ind.pr.* 1 of **lever,** *v.n.* rise 1831
lingance, *s.* oath of allegiance 297
lunges, *adv.* for a long time 914, 1629

maen, *adj.* medium 1380
mahain, *s.* injury, maiming 239r
mahainné, *pp.adj.* injured 1775
mail, *s.* hammer 1793
maille, *ind.pr.* 3 of **maillier,** *v.n.* hammer 410r
maillet, *s.* hammer 412r
mais, *s.* messenger 1571
maistrie, *s.* guidance 736
majur, *adj.* powerful, influential 547
maluré, *adj.* unfortunate 354, 536, 756, 995, 1796
manee, *s.* pity 532n
marage, *adj.* of the sea 283
mari (marri), *adj.* sad 462, 776, 920, 1499
mat, *adj.* overwhelmed, distressed 87r
mater 121, *v.a.* conquer
matire, *s.* subject, occasion 110r
maur, *adj.* ripe, mature 550
mel, *s.* honey 1432
menant, *adj.* wealthy 1126
menur, *adj.sm.* smaller, less important 549

mes (mais), *conj.* no rather 1793; *adv.:* ne . . . m. no longer 334, 167r; *prep.* except: ne . . . m. only 1843; m. ke though 812; except that 1115, 1190, 1548

mescine, *s.* remedy 254r

mescinement, *sm.* cure, healing 1562

mesciner 1667, *v.a.* cure

mesfait, *pp.* of mesfaire, *v.a.* injure 1772; *v.n.* do wrong 162

mespris, *pp.* of mesprendre, *v.n.* make a mistake, go wrong 162

mesprisun, *s.* wrong, offence 307

mis, *pp.* of maneir, *v.n.* remain, live 147

morticine, *s.* dead flesh, dead bodies 1394

mulu, *adj.* sharp 95, 854

murel, *s.* wall 1465

muscier; *pret.* 3 musça 900; *pp.* muscé 1016; *v.a.* hide

naturel, *adj.* principal, capital 1415; liege, legitimate 346r

navrer; *ind.pr.* 6 navrent 1731, nafrent 1749; *pp.* nafré 1768; *v.a.* wound

neé, *pp.* of noier, *v.n.* drown 775

net, *adj.* pure, without sin 602

nier 142; *ind.pr.* 1 ni 275; *v.a.* refuse

nigromant, *s.* magic 1336n

nis, *adv.* even 794, 1363, 1389

noer 775; *pres.p.* nouant 793; *v.n.* swim

noier; *pp.* neé 775, noié 795; *v.n.* drown

nones, *s.* ninth day before the Ides in the Roman calendar 437rn

nou, *s.* swimming: a n. by swimming 772

nulli, *pron.* anyone 489, 1111

numeement, *adv.* in particular, notably 500

nunsaver, *sm.* ignorance 1663

nupez (nuz pez, nuz piez), *adv.* barefoot 514, 1146, 46r, 51r etc.

nureture, *s.* upbringing 617n

nusche, *s.* ornament 20

of, *prep.* with 74n, 101, 117, 301 etc.

ofvokes, *prep.* with 480n

orb, *adj.* blind 732

ovré (uvré), *pp.* of ovrer, *v.a.* perform 937, 944; *v.n.* act 1804

paer 1365, *v.a.* appease; *pp.* paé satisfied 747

paistre; *ind.pr.* 3 pest 60; *pp.* peu 1392; *v.a.* feed

palu, *sm.* marshland 696; pool 863

panel, *s.* saddle cloth 1412

pantoiser 697, *v.n.* pant

parage, *s.* (noble) lineage 285, 743

paraler, *infin. sm.* end, Last Judgment 39

parcener, *s.* partaker 1322, 1639

parcru, *pp.adj.* fully grown 288

parcunter 1690, *v.a.* relate completely

pardi, *ind.pr.* 1 of pardire, *v.a.* say completely 273

pardurable, *adj.* eternal 1047

parmi, *adv.* in the middle 236

parmurir 1676, *v.n.* die completely

parocire 1627, *v.a.* kill outright

pasturel, *sm.* herdsman 430

pautener (pautoner), *sm.* scoundrel 1572, 1647 etc.; *adj.* scoundrelly 460, 709 etc.

pel (peel), *sm.* stake 651, 1601, 1604 etc.

peleiçun (peliçun), *sm.* cloak 477, 1830

penant, *s.* penitent 1146, 1828

pendant, *sm.* slope 800, 880, 1167

per, *sm.* and *sf.* peer, equal 105, 217, 1362

peri, *pp.adj.* doomed, lost 243, 465, 913 etc.

perillé, *pp.sm.* person in danger 243

picois, *s.* pick 385r

piler, *sm.* pillar 1617, 404r

place, *subj.pr.* 3 of plaire, *v.impers. (dat.)*, please 1316

plener, *adj.* whole, complete 712, 1653; powerful 1286

plevi, *pp.* of plevir, *v.a.* pledge 1110

plie, *ind.pr.* 3 of plier, *v.refl.* comply 726

ploier 836, *v.a.:* p. le gant throw down the gauntlet 836n

poinnal, *adj.* made to be thrown by the hand 1608

porture, *s.* behaviour 614

pou, *adv.:* a p. ne almost 751, 1567

praiol, *sm.* meadow 693

premur, *s.* beginning, inauguration 577

privé, *adj.* intimate 979, 1038 etc.; *sm.* intimate (friend) 1245, 1542

puier, *v.a.* climb 800

pund (pount), *sm.* bridge 635, 767, 769, 774 etc.

purchaz, *sm.* property 451rn

purofri, *pret.* 3 of purofrir, *v.refl.* offer 1528

purpens, *s.* invention, imagination 598

purpos (purpois), *sm.* intention, purpose 34, 276r; estre en p. de intend (to) 272r

purpris, *adj.* possessed (by the devil) 150, 1777

purvers, *adj.* perverse 817n, 95r

purvoier 1696; *pret.* 3 purvit 1744; *pp.* purveu 472, 263r, purvu 851; *v.a.* provide, arrange 472, 851 etc.; *v.refl.* take steps 1696

putage, *s.* debauched existence 289

quancke (kancke), *pron.* whatever, that which 472, 10r, 28r

quant, *pron.*: (ne) tant ne q. anything whatsoever 844; at all 1140
queuke, *adj.*: a q. peine with great difficulty 939

raed, *adj.* rapid 790n, 76r
raier; *pret.* 3 raa 7, 1611; *pres.p.* raant 1170, 1430; *v.n.* flow 7, 1430, 1611; shine, glow 1170
randun, *s.*: de r. violently 1731
raveinner, *adj.* ravening 1393
reahaite, *ind.pr.* 3 of reahaiter, *v.a.* excite, strengthen 1725
rebundir 1337, *v.n.* re-echo
recreu, *adj.* weary, despairing 864
recumbatant, *pres.p.* of recombatre, *v.a.* contest, challenge 817n
recunser 136, *v.n.* lodge, take refuge
reddevable, *adj.* grateful 96r
refait, *pp.* of refaire, *v.a.* comfort, cheer 1492
reim, *s.* branch 699, 892, 952
reinst, *pret.* 3 of raembre, *v.a.* redeem 1800
relevee, *s.* afternoon 396
remaneir; *pret.* 1 remis 1454, 3 remist 1115, 1254, 1348, 1436; *v.n.* remain
remenant, *adj.* eternal 1040
remirer; *ind.pr.* 1 remir 1208, 3 remire 687; *v.a.* behold
remurir 1629, *v.n.* die again
repleni, *pp.* of replenir, *v.a.* fill 129, 1554
repruver (reprover), *s.* reproach 141, 1298, 1691; proverb 1315
reschisnant, *pres.p.* of reschignier, *v.n.* show one's teeth 753
resortir 1229; *ind.pr.* 3 resortist 1201; *pp.* resorti 1498; *v.n.* withdraw; *inf.subst.* withdrawal 1229
restencele, *ind.pr.* 3 of restenceler, *v.n.* blaze 1244
retraire 1689, *v.n.* recant
retter; *ind.pr.* 6 rettent 1408; *pp.* retté 1360; *v.a.* blame
returner *v.n.*: sanz r. irrevocably 1305, 1636
reversé, *pp.* of reverser, *v.a.* turn up 1779
reverti, *pret.* 3 of revertir, *v.n.* return 493
riote, *s.* disputatious conduct 617n
roal, *s.* walrus ivory 3n
roillé, *adj.* rusty 1009
roiste, *adj.* steep 1833
rosin, *adj.* red 1838, 104r
rote, *s.* musical instrument resembling a *vielle* 1259
rundement, *adv.* in round numbers 1347
rute, *sf.* troop, group 1440, 47r, 245r
ruva, *pret.* 3 of rover, *v.a.* command 109

sacher (saucher) 258, 534, 1266; *ind.pr.* 3 sache 890, 6 sachent 1327, 1602; *pp.* saché 757; *v.a.* draw (out) 258, 890, 1266 etc.; drag about 534, 757
sarmuner, *sm.* preacher 1335
saul, *adj.* satiated 1392, 1651
sauver; *subj.pr.* 3 saut 128, 935; *imper.* 2 sauf 244; *v.a.* save
seet (saet), *ind.pr.* 3 of saver, *v.a.* know 690, 1569
sei, *s.* thirst 683, 859, 873 etc.
seisir 1222; *ind.pr.* 3 saisist 891; *pret.* 1 seisi 1177, 3 seisi 231; *pp.* seisi (saisi) 475, 629, 910 etc.; *v.a.* put in possession, seise (of) 475, 910, 1222; seize, grasp 231, 629 etc.
sené, *adj.* sensible 963
sene, *sm.* synod 263r
senglement, *adv.* only 194
seri, *adj.* calm 222, 1060
serré, *adj.* in close ranks 1291
serrein, *adv.* in the evening 8
seut, *ind.pr.* 3 of soloir, *v.n.* be wont to 668
si (s'), *conj.* until 1415; s. la ke until 1832
soille, *ind.pr.* 3 of souiller, *v.refl.* besmirch 562
soudeer 1331, *v.a.* repay, reward 786
soudrunt, *fut.* 6 of soldre, *v.a.* discharge (a duty) 625
suage, *ind.pr.* 3 of souager, *v.a.* comfort 284
suef, *adv.* quietly 921
sufrir 686; *ind.pr.* 3 suefre 654, suevre 61r; *imper.* 2 suefre 875; *v.a.* suffer 290; permit 875; *v.n.* wait 382
sum, *s.* rest, sleep 216, 578n
summe, *ind.pr.* 3 of summer, *v.n.* slumber 19rn
sumneille, *ind.pr.* 3 of summeiller, *v.n.* slumber 205r
sun, *s.* summit 323
sure, *adv.*: cure s. a run upon, attack 1345
surundé, *pp.* of suronder, *v.n.* rise high, overflow (of water) 1030
sutif, *adj.* private, secret 392, 512
suvaus, *adv.* at least 942

[**taille**], *s.* shape 396rn
tant, *adv.*: t. k' until 290r, 369r, 393r; while 1531; t. cum while 1344, 67r; ja t. ne however much 1036
tantdi, *adv.* meanwhile 1177
tapir 220r, 376r, *v.n.* hide
tenant, *sm.*: en un t. without interruption 1139
tendrun, *s.* tender shoot 695
tenegre, *s.* darkness: en t. secretly 554

tenement, *s.* property 1587

tens, *s.: par t. adv.* betimes 212, 494, 1689 etc.

teser 34, *v.n.* go, journey

toleit, *pp.* of tolir, *v.a.* take away 1578

travers, *s.:* en t. crosswise 236

traversent, *ind.pr.* 6 of traverser, *v.n.* be distorted 1779

tref, *s.:* a plein t. in full sail 289r

trespas, *s.* transgression 327r

trufle, *s.* fantastic tale 1259

turbe, *sf.* crowd 264, 73r

uel, *adj.* even, flat 1467

uoes, *sm.:* a sun u. for his purpose, for himself 1555

usler 695, *v.a.* burn

vaivé, *pp.adj.* forlorn 164, 553

veaus, *adv.* at least 386

veeslin, *s.* vellum 1840

vein, *adj.* weak 1431

venta, *pret.* 3 of venter, *v.n.* blow 694

ventele, *ind.pr.* 3 of venteler, *v.n.* blow, stir 1260

ver 761, 783, 944, voer 942, *v.a.* see; veant, *gerund* in the presence of 1145, 1643, 1740, 452r

verrer, *s.* glazier 407r

viant, *sm.* life 810

viu, *adj.* vile, shabby 1249

voié, *pp.* of veer, *v.a.* refuse, forbid 389

volentrif, *adj.* willing 919; eager 771

vu (wu), *s.* vow 625, 280r

[vue], *ind.pr.* 3 of voer, *v.a.* vow 274r

weimentent, *ind.pr.* 6 of guaimenter, *v.n.* lament 1514

weimentisun, *s.* lamentation 328

wu see vu

ydropic, *s.* one afflicted with dropsy 151, 706

zuche, *s.* stump, log 1701, 387r

INDEX OF PROPER NAMES

Proper names are identified by their English equivalents if they exist. If the name remains unchanged in English then only a line-reference is given.